Schlösser und Burgen im Weserbergland
und seiner Umgebung

Bibliografische Information der Deutschen Nationalbibliothek
Die Deutsche Nationalbibliothek verzeichnet diese Publikation in der Deutschen Nationalbibliografie; detaillierte bibliografische Daten sind im Internet abrufbar über http://dnb.ddb.de abrufbar.

1.Auflage
Layout, Karte, Umschlag: Winfried Mende
ISBN 978-3-8271-9070-3

Winfried Mende

Schlösser und Burgen im Weserbergland und seiner Umgebung

CW Niemeyer

Bitte beachten Sie:
Viele der beschriebenen Bauwerke befinden sich in Privatbesitz und sind oft nur eingeschränkt zugänglich.
Bitte respektieren Sie die Privatsphäre der Bewohner!

Einige Schlösser verfügen über keine eigenen Homepage.
Informationsmöglichkeiten bestehen hier unter der Adresse www.burgeninventar.de oder www.burgen-und-schloesser.net

Inhaltsverzeichnis

Vorwort

Das Weserbergland ist kein geografisch fest umrissenes Gebiet. Um eine Auswahl aus dem reichen Bestand der Burgen und Schlösser zu treffen, wurde als lockere Grenze im Süden Hannoversch Münden, im Norden Minden festgelegt. Im Westen der Teutoburger Wald, im Osten die Höhenzüge, welche das Leinetal bilden. Im Wesentlichen umfasst das Gebiet Teile des Landkreises Kassel Land, die Lankreise Höxter, Holzminden, Hameln-Pyrmont, Schaumburg und streift den Landkreis Minden-Lübbecke.
Das Land an der Weser ist ein altes Siedlungsgebiet, das schon die Auseinandersetzungen zwischen Cheruskern und Römern und Sachsen und Franken gesehen hat. Die Befestigungsanlagen und Fluchtburgen dieser Zeit bildeten zum Teil die Grundlage späterer Bauten.
Was ist eine Burg und wodurch unterscheidet sie sich von einem Schloss?
Der Begriff Burg bezeichnet einen in sich geschlossenen, bewohnbaren Wehrbau. Eine herausragende Rolle spielte die Burg im Mittelalter, in dessen Verlauf in Europa eine bis dahin unerreichte Vielzahl von Burganlagen entstand und die Burg gleichzeitig ein Symbol der Grundherrschaft war. Für die damalige

Kriegstechnik war eine gut gerüstete Burg ein ernst zu nehmendes Hindernis.
Anhand ihrer Erbauer und deren wohn- und wehrtechnischen Zielsetzungen lassen sich mittelalterliche Burganlagen grundlegend unterscheiden in: Reichsburgen und Landesburgen, die in das territoriale Herrschaftssystem eines Königs oder Landesherrn eingebunden waren, Adelsburgen, die Adligen und ihrem unmittelbaren Gefolge als standesgemäßer, wehrhafter Wohnsitz dienten, Kloster- und Ordensburgen, die einer klerikalen Gemeinschaft Schutz boten und Stadtburgen bzw. burgartig befestigte Städte. Daneben existierten als älteste Form die Fluchtburgen oder Volksburgen, die ganzen Dörfern oder Gemeinden vorübergehend als Rückzugsorte in Zeiten der Gefahr dienten. Hierzu zählten auch Kirchenburgen und Wehrkirchen, die als Fliehburg ebenfalls bei Gefahr genutzt wurden. In der heutigen Verwendung des Wortes wird die mittelalterliche Burg als bewohnter Wehrbau von der rein militärisch genutzten Festung unterschieden.
Als Schloss bezeichnet man dagegen einen unbefestigten adligen Wohnbau. Das Schloss ist formal also an keine besondere Form oder repräsentative Gestaltung gebunden und kann auch durchaus einmal äußerst schlicht aussehen, obwohl die Grundherren natürlich auf größtmögliche Prachtentfaltung bedacht waren.
Zentrale Bestandteile der Schlossarchitektur sind Innenhöfe, seit dem 17. Jh. der große Ehrenhof, der an drei Seiten von Flügelbauten umgeben ist, großzügige Freitreppen und das mittlere Haupthaus. Das Haupthaus enthält seit dem 17. Jh. ein oder mehrere Vestibüle, den ebenerdigen Gartensaal, über dem sich meist ein oder mehrere große Säle befinden, sowie repräsentativ gestaltete Treppenanlagen.
Die Weserregion war bis etwa zum Dreißigjährigen Krieg von verhältnismäßig großem Wohlstand geprägt. Die Landwirtschaft florierte, vor allem in der zweiten Hälfte des 16. Jh., als die Getreidepreise fast auf das Doppelte anstiegen. Die Handelswege brachten Waren von weit her und die Stapel- und Handelsprivilegien der Städte an den Ufern der Weser waren eine nicht zu unterschätzende Einnahmequelle. Auch Kriegs- und Söldnerdienste der lokalen Adligen in den Religionskriegen zwischen Kaiser und Schmalkaldischem Bund oder in den Auseinandersetzungen zwischen Frankreich und Spanien oder Dänemark und Schweden brachten üppige Einnahmen. Als Beispiele sollen Georg von Holle oder Hilmar von Münchhausen genannt werden.
Es nimmt nicht wunder, dass als äußerliches Zeichen des Reichtums prächtige Bauten in großer Zahl entstanden. Es bildete sich

in dieser Zeit eine für diese Gegend typische Bauweise heraus, die man seit etwa 1920 als „Weserrenaissance“ bezeichnet.
Fördend für die Bautätigkeit war auch die Tatsache, dass man das Baumaterial gewissermaßen vor der Haustür fand. Der Sandstein aus den Steinbrüchen von Obernkirchen und dem Solling war durch die geografische Nähe einfach zu beschaffen und die Weser diente als bequemer und billiger Transportweg. Das versetzte so manchen, auch weniger bemittelten Landedelmann in die Lage, sich einen unverhältnismässig prächtigen Wohnsitz bauen zu lassen. Damit erklärt sich vielleicht auch der hohe Bestand an Burgen und Schlössern aus dieser Zeit.
Der Dreißigjährige Krieg mit seinen Verwüstungen und Plünderungen brachte den wirtschaftlichen Niedergang leider auch an die Weser, von dem sich die Region nur sehr langsam wieder erholt hat. Bis auf wenige Ausnahmen fehlt die barocke Prachtentfaltung, wie sie im südlichen Deutschland zu finden sind, im Weserraum völlig.
Den Bauten des späten Mittelalters hat die nachfolgende Zeit heftige Wunden geschlagen. Der Umgang mit ihnen war in der Vergangenheit ja noch nicht von dem Gedanken des Denkmalschutzes geprägt, und mancher Bauherr hat die alten Gemäuer bedenkenlos als Steinbruch für neuere Bauten benutzt. Erst zur Zeit der Romantik rückten Burgen und Schlösser wieder in das Bewusstsein der Menschen und man bemühte sich um ihre Erhaltung. Manche vermeintlich alte Ruine ist deshalb in Wirklichkeit ein Produkt des 19. Jahrhunderts.
Mit diesem Buch soll Besuchern des Weserberglandes ein Überblick gegeben werden, welchen Bestand es an Schlössern und Burgen noch gibt. Dabei wurde auf abgegangene Bauten sowie nur noch fragmentarisch erhaltene Reste nicht eingegangen. Auch Vollzähligkeit wurde nicht angestrebt.
Viele der aufgeführten Bauten befinden sich in Privatbesitz oder wurden umgenutzt und sind nicht oder nur eingeschränkt zugänglich. Das erklärt, weshalb kulturgeschichtlich vielleicht weniger bedeutsame Bauten, die aber zur Besichtigung freigegeben sind, teilweise ausführlicher beschrieben sind.
Auf die Angabe von Öffnungszeiten wurde verzichtet, da diese sich kurzfristig ändern können.
Auskunft darüber geben die örtlichen Verkehrsvereine oder Veröffentlichungen im Internet.

Adelebsen

37139 Adelebsen (Karte D/6)

Schloss Adelebsen entstand aus einer mittelalterlichen Burganlage. Man findet es etwa 15 km westlich von Göttingen am Ortsrand unweit der L 559.
1234 erbauten in günstiger Höhenlage auf einem Sandsteinfelsen über dem Ort die Herren von Wibbecke eine Burg. Der neun Stockwerke hohe Bergfried ist der älteste Teil der Burg. Er ist rund 40 m hoch. Die Mauerstärke beträgt im unteren Bereich über 4 m, sein Zugang liegt 4 m über der Hoffläche. 1466 wurde die Burg durch den Bischof von Hildesheim belagert und in Brand gesetzt. Sowohl Burg als auch der Ort Adelebsen wurden im Dreißigjährigen Krieg stark beschädigt. Nach dem Dreißigjährigen Krieg um 1650 begann man mit dem Wiederaufbau der Burg. Etwa 1740 wurde ein barocker Flügel angebaut und die Burg in ein Schloss umgewandelt. Dazu wurde der Graben, der die Hauptburg von der Vorburg trennte, zugeschüttet. Zusätzlich entstanden im Burghof weitere Gebäude, wie 1685 das Forsthaus, 1749 das Rentamt. Um 1900 wurde das Dach erneuert und das Schloss erhielt ein Mansarddach. Seit 1947 gehört es mit Land- und Forstflächen der „Stiftung Burg Adelebsen". Zugangsmöglichkeiten unter *www.schlossadelebsen.de*

Aerzen

31855 Aerzen, Burgstraße 5 (Karte B3)

Die Anfänge der Burg liegen im 13. Jahrhundert. Aufgrund ihrer Lage im Hummetal war sie als Wasserburg erbaut. 1494 wohnte dort die Familie von Münchhausen. Aerzen war an Stats von Münchhausen und Heinrich von Hardenberg je zur Hälfte ver-

pfändet. Streitigkeiten zwischen Münchhausen und Hardenberg führten dazu, dass Aerzen verwüstet wurde und Heinrich von Hardenberg die Burg belagerte. Münchhausen musste fliehen und wurde von seinem Gegner bei Hildesheim ermordet. 1533 ließ der braunschweigische Herzog Erich den Nordflügel der Burg erbauen. Im Dreißigjährigen Kriege, 1642, brannte weimarsche Reiterei in Aerzen 66 Häuser, die Kirche und Burg nieder. Kurz nach dem Dreißigjährigen Krieg gingen Amt und Burg Aerzen in die staatliche Verwaltung von Hannover über.

In der sanierten Domänenburg ist heute ein Kulturzentrum untergebracht, in dem die unterschiedlichsten Veranstaltungen stattfinden. Vereine, Verbände sowie die Gemeindebücherei sind ebenfalls in den Räumlichkeiten der Burg untergebracht. Der imposante Repräsentationsraum wird nicht nur für Empfänge, sondern auch als Trauzimmer des Standesamtes genutzt. Der schön gestaltete Domänenteich und der angrenzende Park laden zum Verweilen ein. Infos über Zugangsmöglichkeiten *www.aerzen.de.*

Bad Nenndorf

31542 Bad Nenndorf (Karte C1)

Unmittelbar im reizvollen Kurpark von Bad Nenndorf, oberhalb des Hotels Esplanade, liegt das so genannte Schlösschen. Es wurde 1806 als reiner Bau des Klassizismus errichtet. Es ist noch

heute eine bauliche Kostbarkeit. Sein Bauherr, Landgraf Wilhelm IX. hat es nach seiner Fertigstellung nur einen Tag nutzen können. Er war auf der Flucht vor den französischen Truppen. 1807 hielt Jérôme Bonaparte, der Bruder Napoleons und König von Westfalen, Einzug in Bad Nenndorf. Er führte hier das Schlammbaden ein, das er aus seiner französischen Heimat kannte. Das Schlösschen beherbergt heute die Rotarier und ist von außen zu besichtigen.

Bad Pyrmont

31812 Bad Pyrmont, Schlossstraße 13 (Karte B3)

Die zwischen 1526 und 1536 entstandene „Veste Pyrmont“, eine Festungsanlage mit Wohngebäuden und Eckbastion im Nordosten der Insel, ließen die Grafen von Spiegelberg in unmittelbarer Nähe der Hauptquelle errichten. Sie war Herrschaftssitz der gräflichen Familie und Zufluchtsort für die in den umliegenden Dörfern lebenden Bewohner. 1557–1562 entstand im südwestlichen Bereich ein repräsentatives, dreigeschossiges Schloss im Stil der Weserrenaissance. Damals wurden aufgrund einer guten

Konjunktur zahlreiche Schlösser in dieser Region errichtet, so auch Schloss Schwöbber, Schloss Hämelschenburg und Schloss Bevern. Im Dreißigjährigen Krieg wurde das Schloss bei mehrfachen Belagerungen stark beschädigt und im Zuge der Pläne für einen Neubau ab 1706 weitgehend abgetragen. Bauherr war Graf Anton Ulrich von Waldeck-Pyrmont.
Die gesamte Festungsanlage blieb unverändert und wurde Teil des neuen Bauvorhabens. Vermutlich ist der aus Hannover stammende Joseph Falcke der Baumeister gewesen. Die Baumaßnahmen begannen ab Mai 1706 und dauerten annähernd bis 1712. Schon im Jahr 1707 wurde, neben Giacomo (Jacopo) Perinetti auch der Stuckateurmeister Michael Caminada aus Oberitalien beauftragt, Wände und Decken zu ornamentieren. Die in diesem Zusammenhang entstandenen Arbeiten zählen sicher zu seinen Erstlingswerken in Deutschland. Hierzu gehören das Wappen im Außengiebel oberhalb der Beletage sowie das fürstliche Waldecker Wappen im Dreiecksgiebel an der Südfront. Fürst Anton Ulrich von Waldeck und Pyrmont verpflichtete den italienischen Kunstmaler Francesco Aprile, einzelne Gemälde für den Innenbereich anzufertigen. Gegen Ende des Jahres 1708 war das barocke Schlossgebäude bezugsfähig, während die Arbeiten an der barocken Überformung der Außenanlagen noch bis 1712 andauerten. Zwischen 1721 und 1727 wurden auf dem Schlossgelände durch den Baudirektor Julius Ludwig Rothweil weitere

Im Sommer bildet der Hof des Pyrmonter Schlosses eine stimmungsvolle Kulisse für kulturelle Veranstaltungen.

Gebäude errichtet. Es entstanden u.a. 1723 das Kommandantenhaus und die beiden Kavalierhäuser rechts und links vom Schloss. Weitere Umgestaltungen erfuhr die Festungs- und Schlossanlage ab 1765 unter seinem Sohn und Nachfolger Franz Friedrich Rothweil, der bis 1777 die seitlichen Erweiterungsbauten des Schlosses fertig stellte. Die ganze Zeit über diente das Schloss als Sommerresidenz der Fürsten zu Waldeck und Pyrmont und blieb auch nach 1918 weiter im fürstlichen Besitz. Regelmäßig trafen die Landesherren, die ansonsten in der Residenzstadt Arolsen lebten, hier während der Kursaison im 18. und 19. Jahrhundert prominente Gäste des Badeortes wie Friedrich den Großen, Zar Peter, Goethe, Leibniz oder Herder. In der Zeit des Dritten Reiches wurde die Sommerresidenz häufig den Nationalsozialisten zur Verfügung gestellt und beherbergte auch für

einen kurzen Zeitraum eine konservative belgische Exilregierung. Ab etwa 1940 wurde das Schloss als Lazarett und in den ersten drei Jahren nach 1945 vom Britischen Roten Kreuz als Verwaltungssitz genutzt. Noch während dieser Zeit bezog 1947 die Landesversehrtenberufsschule die Schlossinsel. Im Jahre 1956 wurde das Schloss vom Land Niedersachsen erworben und nach einer Renovierungsphase 1960–1962 als Refugium für Kurgäste eingerichtet. Zwischen 1984 und 1987 wurden die Festung und das Schloss Pyrmont umfassend vom Land Niedersachsen restauriert. Seitdem bildet die Anlage das kulturelle Zentrum Bad Pyrmonts. Nutzungspartner des Schlosses sind das Niedersächsische Staatsbad Pyrmont für anspruchsvolle Freiluftveranstaltungen in den Sommermonaten in den beiden Schlosshöfen, der Landkreis Hameln-Pyrmont mit der Kreisvolkshochschule im Kommandantenhaus und die Stadt Bad Pyrmont mit ihrem Museum im Schloss, das neben der Präsentation der stadt- und badgeschichtlichen Sammlung auch vielbeachtete Sonderausstellungen realisiert.
Öffnungszeiten *www.museum-pyrmont.de.*

Barntrup

32683 Barntrup, Obere Straße 74 (Karte B3)

Bauherrin des so genannten Kerssenbrockschen Schlosses war Anna von Canstein, die den Söldnerführer Franz von Kerssenbrock geheiratet hatte. Schon kurz nach dessen Tod begann man mit dem Bau des jetzigen Schlosses unweit eines schon bestehenden Wirtschaftshofes. Aus dem Jahr 1577 stammt der große Torbogen, durch den man den Hof betritt. 1580 folgte die Errichtung des Zehnthauses. Das eindrucksvolle Herrenhaus, das das Ortsbild entscheidend prägt, entstand 1584–88 nach Plänen des Baumeisters Eberhard Wilkening aus Hameln. Es handelt sich um einen zweigeschossigen Bau mit drei Ecktürmen. An der Hofseite befinden sich der für die Renaissance typische Treppenturm mit den schrägen Fenstern. Vermutlich war hier ein zweiter Flügel geplant. Sehenswert ist auch das Portal zwischen Treppenturm und Utlucht. Die Giebel weisen die renaissance-typischen Voluten und Obelisken auf. Der verputze Außenbau ist reich mit Kerbschnitt-Bossensteinen dekoriert, die innerhalb des Weserraumes hier erstmals in Erscheinung treten. Sie haben vermutlich ihren Ursprung in dem Rustika-Quader der italienischen Renaissance. Kerbschnitt-Bossensteine wurden später zu einem charakteristischen Merkmal der so genannten Weserrenaissance. Das Innere des Schlosses wurde durch Umbauten 1879/90 stark verändert. Ursprünglich war das Dach des Herrenhauses mit schweren braunen Sandsteinplatten aus dem Solling belegt, die in der Region früher häufiger als Dachdeckung Verwendung fanden. 1966/67 wurde das Dach im Zuge einer Restaurierung mit den jetzigen Dachziegeln eingedeckt. Das Schloss befindet sich in Privatbesitz, eine Besichtigung ist von außen möglich.

Jagdschloss Baum

31675 Bückeburg-Rusbend, Zum Felde 1 (Karte B1)

Fährt man von Bückeburg die L 450 über Warber und Rusbend nach Petershagen, sieht man ca. 6 km vor Petershagen das Jagdschloss Baum im Wald unmittelbar an der Straße liegen.
Das Jagdschloss wurde 1760/61 im Auftrage des Grafen Wilhelm von Schaumburg-Lippe errichtet. Es gilt als ein bemerkenswertes

Die beiden Renaissanceportale stammen ursprünglich vom Schloss Bückeburg. Sie wurden als Theaterdekoration neben eine künstliche Grotte gesetzt.

Denkmal des spätbarocken Klassizismus. Das Schloss verdankt seinen Namen einem Schlagbaum, an dem unweit der Grenze des kleinen Fürstentums das Zollrecht geltend gemacht wurde. Mit einigem guten Willen kann man heute noch die ursprüngliche barocke Gartenanlage mit ihren zwei Sichtachsen erkennen. Im Park sind außerdem zwei bemerkenswerte Renaissanceportale zu sehen.
Das Schloss dient heute als Tagungs- und Bildungsstätte der ev.-luth. Jugend. Es steht auf Privatgelände, ist aber von außen zugänglich.

Bevern

37639 Bevern (Karte C4)

Der Schlossbau gehört zu den bedeutendsten Baudenkmälern der Weserrenaissance und wurde 1603 bis 1612 durch Statius von Münchhausen im Stil der Weserrenaissance an der Stelle eines alten Herrensitzes erbaut. Das Schloss besteht aus einer Vierflügelanlage um einen quadratischen Innenhof mit zwei diagonal gegenüberliegenden Treppentürmen, umgeben von einem Wassergraben mit zwei Brücken und einem Schlossgarten und einigen Nebengebäuden. 1619 geriet der Bauherr Statius von Münchhausen in Konkurs, konnte das Schloss aber im Rahmen einer Zwangsverwaltung des Herzogs Friedrich Ulrich von Braunschweig-Wolfenbüttel behalten.
1633 starb Statius von Münchhausen und seine Witwe musste 1652 das Schloss an Herzog August den Jüngeren zu Braunschweig und Lüneburg abtreten, der es als Jagdschloss nutzte.

1667 erhielt der jüngste Sohn des Herzogs, Ferdinand Albrecht I. das Schloss als Abfindung und gründete mit der Residenz die herzogliche Nebenlinie Braunschweig-Bevern. 1687 folgte Ferdinand Albrecht II. 1714 wurde hier sein Sohn Anton Ulrich von Braunschweig geboren. Ab 1809 wurde das Schloss zu einem Pensionärssitz und später zu einer Fabrik für Knöpfe. 1832 bis 1834 erfolgte die Einrichtung einer Herzoglichen Besserungs- und Arbeitsanstalt, sogenannte „Correctionsanstalt" im Schloss mit Wohnungen und Werkstätten, die 1870 in die Herzoglich Braunschweigische Erziehungsanstalt Wilhelmstift für elternlose Kinder umgewandelt wurde. Während des Nationalsozialismus war das Schloss ab 1933 Sitz einer Sportschule der SA und Kaserne von Teileinheiten von Pionier-Bataillonen.
Nach der Eroberung durch alliierte Truppen im Zweiten Weltkrieg 1945 wurde das Schloss bis 1949 Heimat für zahlreiche Flüchtlinge. Nach 1949 wurde es teilweise als Möbellager genutzt. Seit 1976 befindet sich ein Heimatmuseum im Schloss und zeigt die Geschichte des Ortes Bevern. Seit 1984 finden in der Schlosskapelle regelmäßig Kammermusikkonzerte statt. 1986 erfolgte die Übernahme des Schlossbesitzes von der Gemeinde Bevern durch den Landkreis Holzminden. Der Landkreis restaurierte das Schloss, erweiterte es für Ausstellungen und integrierte ein Restaurant. Am 19. Mai 1987 wurde ein Freundeskreis Schloss Bevern gegründet, der ab 1996 zum Kulturveranstalter wurde. Seit

1988 finden im Nordwestbereich des Obergeschosses auch Ausstellungen von Gemälden, Skulpturen und archäologischen Funden statt. Das Schloss ist heute Kulturzentrum.
Infos über Zugangsmöglichkeiten unter *www.schloss-bevern.de.*

Bisperode

31863 Coppenbrügge-Bisperode, Försterbrink 1 (Karte C3)

Der Fürstbischof von Paderborn, Hermann Werner von Wolff-Metternich, ließ von 1694 bis 1700 in Bisperode ein Wasserschloss erbauen. Schloss Bisperode ist eine Dreiflügelanlage, die innerhalb eines rechtwinkligen, steil ummauerten Grabens liegt. Der im Inneren unvollendet gebliebene Barockbau wurde durch den Kapuzinermönch Ambrosius von Oelde (Westfalen) erbaut.
Ursprünglich stand an dieser Stelle der Werder'sche Edelhof, der durch die Hildesheimer Stiftsfehde und im Dreißigjährigen Krieg mehrfach zerstört wurde. Das Schloss umfasst in barocker Manier hufeisenförmig einen Hof.
Der Mittelflügel überragt die beiden Seitenflügel, die jeweils durch breitere quadratische Pavillons abgeschlossen werden. Über eine Freitreppe gelangt man durch ein barockes Portal. Das Innere des Mittelbaues und der ganzen rechten Schlosshälfte blieb im Rohbau, auch das Treppenhaus hinter dem Hauptportal ist nicht aus-

gebaut worden, da die Metternichs das Haus nie selbst bewohnten. Der Ausbau des Hauses geschah erst durch die Familie Voss, die seit dem 1. April 1901 dort auch wohnte.
Das Schloss ist im Privatbesitz und nur von außen zu besichtigen.

Blomberg

32825 Blomberg (Karte B3)

Am Rande des auf einem Berg gelegenen Ortes, als Kernstück der Befestigungsanlagen, liegt die Burg Blomberg. Es ist eine unregelmäßige dreiflügelige Anlage um einen Innenhof. Die Obergeschosse des Nord- und Ostflügels sind teilweise in Fachwerk ausgeführt. Für die Renaissance typische geschnitzte Fächerrosetten und ein Rankenfries mit figürlichen Darstellungen zieren das Obergeschoss. Die Schnitzereien wurden von dem Schnitzer Barthold Sander aus dem Ort Horn 1569 ausgeführt. Sie wurden 1908–1912 erneuert und überarbeitet.
Der Zugang zum Hof wird von der Burgmauer und dem ältesten Abschnitt der Anlage, dem spätmittelalterlichen Südflügel, flankiert. Ort und Burg wurden 1447 in der Soester Fehde stark beschädigt, so dass der heutige Südflügel erneuert werden musste. Die fast schmucklosen Außenwände dieses Baues werden nur durch die hohen, schmalen Kreuzstockfenster unterbrochen. Figürliche Darstellungen zieren die Türstürze der beiden Eingänge. Wenn auch schon stark verwittert, kann man zwei Männer erkennen, die eine Weintraube tragen, angeblich Caleb und Josua,

die nach Kanaan ausgesandt wurden und als Zeichen der Fruchtbarkeit des Landes eine Weinrebe mit zurückbrachten. Gegenüber ist die Geschichte der Kreuztragung Christi im Neuen Testament dargestellt. Die ovalen Oberlichter der Türen wurden im 18. Jh. eingesetzt. Im Erdgeschoss waren die Magazinräume des Schlosses und zeitweilig auch eine Münzpräge und eine Schmiede untergebracht. Im Obergeschoss befand sich der Saal des Schlosses. Zwischen 1560 und 1569 wurden der nördliche Flügel und der östliche Mittelflügel hinzugefügt. Den Mittelflügel hat Hans Rade 1560/61 begonnen; Hermann Wulff führte bis 1569 die Arbeiten fort. Von ihm stammt auch die Auslucht. Der Mittelflügel diente als neuer Saalbau, was man nach außen durch die Auslucht, das Prunkstück des Schlosses, kenntlich machte. Die Auslucht ist im Stil der italienischen Frührenaissance gehalten. Die für die Weserrenaissance typischen Merkmale, wie Bossen- und Kerbschnittsteine, Diamantquader, Beschlagwerk, Voluten oder Fächerornamentik findet man hier nicht. Kannelierte Pilaster mit korinthischen und ionischen Kapitellen teilen die Fensterfront des Obergeschosses. In die Brüstungsfelder des Obergeschosses eingelassen ist das lippische Wappen mit der Inschrift: „Von Gottes Gnaden Simon Graf und Eddel“ sowie zwei herausschauende Halbbüsten. Der westliche Abschnitt des Nordflügels diente als Stallgebäude und wurde in der ersten Hälfte des 18. Jh. angebaut. Der heutige Hofbrunnen stammt aus dem Jahre 1912. In der Burg befindet sich eine Gaststätte und ein Hotel.

Borlinghausen

34439 Willebadessen-Borlinghausen (Karte A5)

Im 14. Jh. wird Burg Borlinghausen erstmalig erwähnt. Im 16. Jh.wurde die Burg von Werner von Spiegel als Schloss um- und ausgebaut. Als Baumeister sind Eggert Scheene aus Blomberg und Cord von Achen bekannt. Das Schloss liegt auf einer Insel, die über eine Brücke erreichbar ist. Es ist eine Zweiflügel-Anlage, die einen Treppenturm einschließt.

Der kleinere westliche Flügel sowie der Treppenturm haben am stärksten das Aussehen des 16. Jahrhunderts bewahrt. Die Geschosse sind durch Gesimse klar voneinander getrennt. Die Gesimse des Nordgiebels sind durch eine Attikazone erweitert. Besonders interessant ist das Treppenturmportal. Ein vollplastischer Wächterkopf mit Schnurrbart schaut aus dem Dreiecksgiebel hervor; die Türgewände sind mit flachem, groteskem Schmuck überzogen. Die Jahreszahl 1587, die zusammen mit den Namen des Erbauer-Ehepaares auf dem Türsturz zu lesen ist, gibt wahr-

scheinlich den Beginn der Umbauarbeiten an. Der Südflügel wurde im 18. und 19. Jh. weitestgehend neu gestaltet. Die beiden Giebel im Osten und Westen von 1889 bzw. 1899 nehmen in unterschiedlichen Varianten die Grundstruktur des Renaissance-Nordgiebels wieder auf. Das Schloss ist in Privatbesitz und kann nur im Rahmen der öffentlichen Wege besichtigt werden.

Brake

32657 Lemgo-Brake, Schlossstraße 18 (Karte A3)

Ein Vorgängerbau des heutigen Schlosses wird 1306 zum ersten Mal urkundlich erwähnt. Die heute dreiflügelige Anlage war ursprünglich durch einen 1603 erbauten vierten Flügel abgeschlossen. Dieser Flügel wurde 1811 aber wieder abgerissen. 1510 wurde der Südflügel erbaut. Ein Umbau des Flügels erfolgte 1571. Zwischen 1584 und 1592 wurde der Nordflügel erbaut. Gleichzeitig baute man den ehemaligen Bergfried zum Schlossturm um. Hier sind noch die Giebelumrisse des abgerissenen Westflügels zu erkennen. 1666 erfolgte noch einmal ein Umbau des Ostflügels. Hier waren ursprünglich Küche und Vorratsräume sowie das Back- und Brauhaus untergebracht.

Nach Fertigstellung des Nordflügels wurde die Küche dorthin verlegt. Die Privatgemächer lagen in dem Turm, der sich über rechteckigem Grundriss in sieben Stockwerken erhebt und den ehemals ein Dachumgang bekrönte. Davon sind heute nur noch die Kragsteine erhalten. Die Stockwerke des Turmes verbindet

eine breite gradläufige Treppe, eine Seltenheit im 16. Jh. Zusätzlich sind noch zwei kleinere Wendeltreppen in die Mauer eingebaut. Durch sie erreicht man die privaten Räume. Sie bestehen aus zwei Wohnräumen und einem Raum zur Astronomie/Astrologie. Renaissancestuckaturen an den gewölbten Decken und Fensterrahmungen blieben teilweise erhalten. Im Westen des Nordflügels liegt die ehemalige Schlosskapelle, die mit den Privatgemächern durch die Wendeltreppe in der Nordmauer des Turmes direkt verbunden ist.

Der Nordflügel wird im wesentlichen durch Pilaster mit Bossensteinen und Gesimsen mit Zahnschnittfries an der Unterkante gegliedert. Der westliche Giebel, der zur Eingangsseite ausgerichtet ist, schließt mit Voluten ab. Gliederung und Schmuck des Turmes wechseln von Stockwerk zu Stockwerk und sind den Funktionen der Etagen im Inneren angepasst. Pilaster, Gesimse und Gebälk gliedern auch die Hoffront des Nordtraktes. Das Gebälk ist zusätzlich mit Triglyphen oder Löwenköpfen ausgestattet. Vor dem Saal, der hier im Obergeschoss lag, läuft eine Galerie entlang,

die auf beschlagwerkverzierten Konsolen ruht. Die Balustrade des Ganges wurde 1962 in barockisierenden Formen ergänzt. Das Relief über der rundbogigen Eingangstür, den Sündenfall darstellend, stammt von Hermann Wulff. Der gesamte Schlosskomplex wurde in den Jahren 1986-1989 zur Aufnahme des neu gegründeten Weserrenaissance-Museums restauriert und umgebaut. Das Weserrenaissance-Museum Schloss Brake dokumentiert in einer ständigen und einer von Jahr zu Jahr wechselnden Ausstellung die Kunst der Region zwischen Reformation und dem Dreißigjährigen Krieg.
Öffnungszeiten unter *www.wrm.lemgo.de.*

Bückeburg

31675 Bückeburg (Karte B2)

Das Schloss Bückeburg ist noch heute die Residenz der Fürsten zu Schaumburg-Lippe und einer der glanzvollsten Schlossbauten in Niedersachsen. Bei einer Schlossführung beeindrucken besonders der Goldene Saal mit der berühmten Götterpforte und der Große Festsaal, der mit 9 Metern Höhe über zwei Stockwerke geht und 24 Meter lang ist. Sehenswert ist außerdem die Schlosskapelle mit ihren aufwendigen, vergoldeten Schnitzereien. Umgeben ist das Schloss von einem gepflegten Park in englischem Landschaftsstil, in dem auch das Mausoleum der Fürstenfamilie steht.
Die Gründung einer Burg lässt sich bis zum Jahre 1304 zurückverfolgen, als diese erstmals urkundlich erwähnt wurde. Anfang des 14. Jahrhunderts erbaute Graf Adolf VI. von Schauenburg und Holstein-Pinneberg die Wasserburg Bückeburg, vor der sich eine kleine Siedlung entwickelte. Den Namen erhielt die anfänglich nur aus einem Wehrturm und Wirtschaftsgebäuden bestehende kleine Wehranlage von einer schon um 1181 verfallenen Burg im nahe gelegenen Obernkirchen. Die Aufgabe war, den Hellweg – eine Fernhandelsstraße – zu sichern. 1365 erhielt der kleine Ort Bukkiborg die Fleckengerechtigkeit und um 1396 berief Otto I. von Schaumburg einen Geistlichen an seine neu erbaute Kapelle. 1492 besaß die Burg nur 13 Zimmer, entwickelte sich bis 1527 aber unter Johann IV. zu einer befestigten Anlage mit Gräben, Wällen und Bastionen.
Ab 1560 ließ Otto IV. von Schaumburg in nur vier Jahren eine repräsentative vierflügelige Schlossanlage im Stil der Renaissance

Ein Glanzpunkt des Bückeburger Schlosses ist die so genannte Götterpforte, die den Zugang zum Großen Saal bildet.

errichten. Dazu wurde teilweise Bausubstanz der alten Anlage in das neue Gebäude integriert. Als Baumeister zeichneten Heinrich Schrader und Jacob Kölling verantwortlich. West- und Nordflügel wurden durch den sogenannten Trompetengang, eine hofseitig gelegene offene Galerie, miteinander verbunden.
Ottos Sohn, Ernst von Holstein-Schaumburg (1601–1622), ab 1621 Fürst, machte Bückeburg zu seiner Residenz. Er verlieh ihr

Stadtrechte, ließ neue Straßen anlegen und Befestigungswerke und Bauten errichten; darunter die Stadtkirche mit der frühbarokken Front von 1615. Am Schloss ließ er das äußere Schlossportal mit einem flankierenden Verwaltungsgebäude, die heute noch bestehende Fürstliche Hofkammer, und das Ballhaus erbauen. Den unter seinem Vater angelegten Garten verwandelte Ernst in einen typischen, recht repräsentativen Renaissancegarten. 1622

wurde als letztes der große Marstall gebaut. Die Kapelle erhielt eine frühbarocke Holzdekoration im Stil des Manierismus. Für den Bauherrn arbeiten dabei die Maler Joseph Heintz d. Ä. und Johannes Rottenhammer, die Baumeister Giovanni Maria Nosseni und Anton Bote, der Bildhauer Adrian de Vries sowie der Orgelbauer Adolf Compenius. Die filigrane Holzdekoration der Schlosskapelle wurde von den beiden Hildesheimer Bildhauern Ebbert d. J. und Jonas Wulff angefertigt.
Nachdem 1640 mit Otto V. die Grafen zu Holstein-Schaumburg in männlicher Linie ausgestorben waren, kamen das Schloss und Teile der Grafschaft Schaumburg an Graf Simon VI. zur Lippe, der Ernsts Schwester Elisabeth geheiratete hatte. Ihr Sohn Philipp begründete die Linie Schaumburg-Lippe. Unter Simon wurde die Kapelle innen komplett weiß gestrichen, weswegen alte Freskenmalereien für Jahrhunderte unter dem Anstrich verschwanden. Von 1728 bis 1748 regierte Albrecht Wolfgang zu Schaumburg-Lippe in Schaumburg. Während dieser Zeit fanden mehrere Besuche Voltaires in Bückeburg statt, der hier die erste Inspiration zu seinem berühmten Roman Candide hatte (das Schloss des Barons Thunder-ten-tronckh in Westfalen). 1732 brannten in wenigen Stunden der Nord- und Südflügel des Hauptgebäudes aus, wurden aber innerhalb eines Jahres unter Einziehung einer Brandsteuer wieder aufgebaut. Der neue Stil, jetzt Barock, prägt bis heute das äußere Erscheinungsbild des Schlosses. Albrecht Wolfgang ließ auch einen Barockgarten anstelle des Renaissancegartens anlegen und dazu 1743 den inneren Schlossgraben verfüllen, doch die Gartenpracht blieb nur wenige Jahre erhalten.Von 1748 bis 1777 lebte Wilhelm zu Schaumburg-Lippe. Er errichtete die Festung Wilhelmstein im Steinhuder Meer. Militärstratege durch und durch, ließ Wilhelm auch den barocken Schlossgarten mit Wallanlagen und Gräben versehen. Unter seinem Nachfolger Philipp Ernst (1777–1787) wurde der Schlossgarten aber wieder in einen Park mit angeschlossener großer Obstbaumschule verwandelt.
Erst ab 1860 unter Fürst Adolf Georg wurden die Schlossräume renoviert; darunter der Goldene Saal – ehemals das Weiße Gemach – der in der Zeit von 1863 bis 1867 unter anderem mit den bis heute erhaltenen roten Seidentapeten ausgestattet wurde. Auch die Schlosskapelle wurde von 1879 bis 1885 durchgreifend restauriert. Beim Einbau der großen Orgel musste die Kanzelwand, welche bis dahin unmittelbar an der Rückwand befestigt war, fast drei Meter in den Raum versetzt werden. Auch wurden die 1648 übertünchten Freskenmalereien wieder vollständig freigelegt.

Der Große Saal in Schloss Bückeburg beeindruckt durch seine barocke Pracht.

Das Mausoleum im Schlosspark ist noch heute die Begräbnisstätte der Fürstenfamilie.

Große Veränderungen erfolgten in der Zeit von 1893 bis 1896, als der Turm einen neuen Flügelanbau erhielt. Dieser Anbau entspricht den Plänen, welche Albrecht Wolfgang schon 1732 hatte, nämlich den Turm mittels eines Anbaues in die Mitte des Schlosses zu rücken. Der Schlossvorhof erhielt mit zwei halbkreisförmigen Kavaliershäusern eine fast geschlossene Bebauung.

1911 bis 1915 ließ Fürst Adolf am Rande des Schlossparks ein Mausoleum als Begräbnisstätte des Fürstenhauses errichten. Architekt war der Berliner Professor Paul Otto August Baumgarten. In 25 Meter Höhe befindet sich die größte Goldmosaikkuppel Europas mit einer Fläche von 500 m^2. Dieses gewaltige Gebäude mit seiner eigenen Parkanlage ist immer noch die Grablege der fürstlichen Familie.
Das Schloss Bückeburg wird seit seiner Erbauung durchgehend bewohnt; ursprünglich von den Grafen zu Holstein-Schaumburg und ab 1640 von den Mitgliedern der gräflichen, später fürstlichen Familie zu Schaumburg-Lippe, die dort noch heute lebt.
Seit 1925 sind einzelne Räume zu besichtigen, darunter die Schlosskapelle, der Goldene Saal und der Große Festsaal. Seit Mai 2004 ist im Marstall die Hofreitschule Bückeburg beheimatet, in der die Reitkunst der europäischen Epochen des 11. bis 17. Jahrhunderts gezeigt und gepflegt wird. Schloss Bückeburg ist außerdem Veranstaltungsort für verschiedenste Feste und Ausstellungen, zum Beispiel der „Landpartie", des „Weihnachtszaubers" oder des „Mittelalterlich Spectaculums".
Der frei zugängliche Schlosspark hat eine Größe von über 40 Hektar und umgibt das Schloss von allen Seiten. Man findet einige weltweit seltenere Baumarten, wie Süntelbuchen, Sumpfzypressen oder einen fast 25 Meter hohen Mammutbaum hinter dem Mausoleum.
In einem Seitenflügel befindet sich eine Abteilung des Niedersächsischen Staatsarchivs. Hier hat jeder die Möglichkeit, die Geschichte Schaumburg-Lippes anhand der vorhandenen Archivalien zu studieren.
Öffnungszeiten unter *www.schloss-bueckeburg.de*

Coppenbrügge

31863 Coppenbrügge, Schlossstraße 1 (Karte C2)

Die Burg wurde in der Gabelung zweier wichtiger alter Handelswege, am Grunde einer flachen, sumpfigen Talmulde, als Wasserburg errichtet. Wahrscheinlich erhielt sie schon damals den mächtigen Wall. Der Burgbau hat an eine ältere Siedlung angeschlossen, die bereits um das Jahr 1000 als „Cobbanburg" erwähnt wird.
Baugeschichtlich gab es mehrere Erneuerungsphasen. 1434, in der „Spiegelberger Fehde", wurde die Burg stark beschädigt. Die verarmten Grafen von Spiegelberg wichen auf ihre Pfandburg Ohsen an der Weser aus. Erst als die Grafschaft Pyrmont 1494 als Erbe so gut wie feststand, begann ein Wiederaufbau der Anlage im Stil einfacher Frührenaissance. Als neuer Sitz der Grafen

entstand nun das bastionierte Schloss in Pyrmont. Auf der Burg Coppenbrügge verblieb ein Verwalter.
1697 war die baufällige Burg, seit 1631 im nassauischem Besitz, Treffpunkt zwischen Zar Peter dem Großen und der Kurfürstin Sophie von Hannover. Eine Erneuerung mit Stilelementen des Barock setzte zu Beginn des 18. Jh. mit dem Haus Nassau-Oranien ein.
Im Jahr 1822, nach dem Verkauf an das Königreich Hannover, wurde das Schloss auf dem Wall abgerissen. Um 1870 folgten die Wirtschaftsgebäude im Burghof, lediglich das Kanzleigebäude blieb stehen. Nach 1945 benutzen die Coppenbrügger die Ruine als Steinbruch. Der Amtsrichter stoppte die Zerstörung und die Schäden wurden ausgebessert. 1985 erfolgte die Restaurierung zum Museum.
Öffnungszeiten unter *www.museum-coppenbruegge.de*

Corvey

37671 Höxter (Karte C4)

Keine eindeutig als Schloss erbaute, sondern mehr als Kloster konzipierte Anlage ist Corvey bei Höxter. Ludwig der Fromme erwarb 822 die Weseraue in der Nähe des heutigen Höxter. Seinen Namen erhielt die neue Ansiedlung von seinem Mutterkloster Corbie in Nordfrankreich, das auf lateinisch „Corbeia" hiess.

Wibald von Stablo (1146–1158) baute das Westwerk zur heutigen Zweiturmanlage um. 1220 erfolgte die Erhebung zur Fürstabtei. Das Kloster litt in den folgenden Jahrhunderten unter Kriegsereignissen und Misswirtschaft. Im Dreißigjährigen Krieg (1618–1648) wurden die Gebäude vollständig zerstört. Nach dem Westfälischen Frieden schien das Ende der Reichsabtei gekommen zu sein, doch der Münstersche Fürstbischof Christoph Bernhard von Galen rettete Corvey, indem er sich selbst als Administrator einsetzte. Mit der Erneuerung des Klosterlebens und dem Wiederaufbau der Klosteranlagen begründete er 1667 das barock geprägte Corvey.

Bis etwa 1750 erweiterten und vollendeten seine Nachfolger die heute noch zu bewundernde weitläufige barocke Anlage mit Kaisersaal, Kreuzgang, Äbtegalerie, Barockkirche und einer 1681 von Andreas Schneider erbauten Barockorgel.

Ende des 18. Jahrhunderts drohte die Aufhebung des Klosters, doch Abt Theodor von Brabeck vermochte Corvey Ende 1794 zum Fürstbistum zu erheben. 1803 gelangte das Fürstbistum durch die Säkularisation an das Königreich Preußen, dann an Nassau-Oranien. 1809 wurde Corvey dem französischen Königreich Westfalen einverleibt; nach dem Wiener Kongress gelangte es abermals an das Königreich Preußen, das es 1821 an den Landgrafen Viktor Amadeus von Hessen-Rotenburg abtrat. Zwischen 1825 und 1833 verlegte Viktor Amadeus seine Hofbibliothek aus Rotenburg an der Fulda nach Corvey und richtete die heute noch erhaltenen Räumlichkeiten ein. Der Landgraf vererbte Corvey seinem Neffen, dem Erbprinzen Viktor von Hohenlohe-Schillingsfürst. Herzog Viktor I. holte 1860 den Germanisten August Heinrich Hoffmann von Fallersleben nach Corvey, der den Bestand der Bibliothek auf mehr als 70 000 Bände nahezu verdoppelte. Das Fürstliche Haus Ratibor und Corvey ist bis heute Eigentümer von Schloss Corvey. Die Schlossanlagen dienen heute als Museum und können besichtigt werden.
Öffnungszeiten unter *www.schloss-corvey.de.*

Detmold

32756 Detmold, Schlosspark (Karte A3)

Auf einem Stich aus dem Jahre 1663 ist das Schloss von umfangreichen Befestigungsanlagen umgeben zu sehen. Vier Runde Eckbastionen und ein umlaufender Wassergraben schützten das Schloss vor Angriffen. Mit dem Bau der Anlage wurde schon 1520 unter Graf Simon V. begonnen. Vollendet wurde der Bau nach 1550. Im 18. Jh. wurde der Schlossplatz völlig neu gestaltet, dabei sind die Wehranlagen weitestgehend eingeebnet worden.

Die Planung der Gesamtanlage lag in den Händen von Jörg Unkair der während der Arbeiten 1553 starb. Nach Unkairs Tod übernahm Cord Tönnis die Bauleitung und hatte sie bis 1557 inne. Durch die Verlegung der Lippischen Residenz unter dem Grafen Simon VI. nach Brake wurden die Bauarbeiten unterbrochen, so dass erst 1621 das Schloss fertiggestellt wurde. 1673 wurde das alte Back- und Brauhaus gegenüber der Eingangsfront durch ein neues Gebäude ersetzt. Vermutlich noch unter Jörg Unkair entstanden die beiden Langflügel, drei der vier Treppentürme in den Binnenwinkeln des Innenhofes und die rechte Hälfte der Eingangsfront. Am östlichen Treppenturm, an der Unterkante der zweiten Fensterreihe, erkennt man die Jahreszahl 1550, am Nordturm im Innenhof ist die Zahl 1551 neben dem Meisterzeichen Jörg Unkairs zu erkennen. Die Eingangsfront wird von dem ehemaligen Bergfried beherrscht, der von der alten Burg übernommen wurde. Er erhielt eine neue Turmhaube im Stile der Renaissance.
Beide Längsflügel und die Innenräume des Schlosses wurden zwischen 1705 und 1715 umgestaltet.
Am urprünglichsten hat deshalb der Eingangsflügel sein Aussehen bewahrt. Die rechte Fassadenhälfte gliedern zwei Ausluchten, die von zwei Halbkreisaufsätzen gekrönt werden. Die Mauerflächen sind durch Lisenen konsequent vertikal gegliedert. Tönnis entwickelte auch die Form des Halbkreisaufsatzes weiter, indem er die innere Fläche durch eine Muschelfüllung bereicherte und am linken Zwerchhaus die seitlichen Aufsätze zu S-förmigen Bögen auflöste, die oben in Menschenmasken enden.

Erkennbar ist, dass die rechte Seite der Fassade einer früheren Bauphase zuzuordnen ist. Sie wirkt wesentlich strenger und schlichter. Die Bauornamentik zur Gestaltung von Mauerflächen entwickelte sich erst in der zweiten Hälfte des 16. Jh.
Ein markantes Beispiel für das neue Stilempfinden befindet sich an der hofseitigen Front des Eingangsflügels. Vor dem Obergeschoss verläuft ein vorkragender geschlossener Steingang, der sogenannte Trompetergang. Pilaster teilen die wappengeschmückten Wandfelder der Brüstung, rundbogige Fenster beleuchten den Gang. Die Gliederung der Brüstung setzt sich an den Mauerflächen darunter fort und bezieht so das Erdgeschoss mit ein. In den Brüstungsfeldern ist unter anderem eine Darstellung der Justitia zwischen den Wappen zu sehen. Innerhalb einer Führung ist eine Besichtigung etlicher Innenräume des Schlosses möglich, das bis heute von der Familie zur Lippe bewohnt wird. Das Interieur zeigt die Gestaltung des 18. Jh. mit Stuckdekken und Kaminanlagen aus dieser Zeit. Zur Ausstattung gehören neben barocken Möbeln Gemälde vom 16.bis 20. Jh. und wunderschöne, farblich sehr gut erhaltene Gobelins. Sie wurden 1670 in Brüssel gefertigt und zeigen einen Alexanderzyklus nach Vorlagen Charles Lebruns, des Hofmalers Ludwig XIV.
Öffnungszeiten unter *www.schloss-detmold.de*

Dringenberg

33014 Bad Driburg-Dringenberg, Burgstraße (Karte B5)

Die Ursprünge der Burg gehen auf das Jahr 1323 zurück. Wie die Burg zu dieser Zeit ausgesehen hat, ist nicht mehr zu rekonstruieren, nur die spitzbogig gewölbten Keller unter dem Südflügel der heutigen Anlage stammen noch aus dem 14 Jh. Nach einer wechselvollen Geschichte im späten Mittelalter erlebte die Resi-

denz ab dem Ende des 15. Jh. bis zum Dreißigjährigen Krieg ihre größte Blütezeit. Die Burg erhielt während dieses Zeitraums ihren schlossartigen Charakter, indem man die Flügel ausbaute, untereinander verband und eine einheitliche Etagenhöhe anstrebte, um im Inneren größere und repräsentativere Räume einrichten zu können. Zu einem 1488/89 erfolgten Umbau gehören das Torhaus, der daran anschließende Südflügel sowie Teile des Westflügels und die Ringmauer mit rundem Wehrturm, die die Anlage im Norden abschließt. Das Fachwerkgebäude im Osten stammt von 1710. Mitte des 16. Jh. ließ Bischof Rembert von Kerssenbrock, der schon am Schloss Neuhaus als Bauherr auftrat, den Südflügel mit dem Westflügel verbinden und die gesamte Anlage neu ausstatten. Von den beiden Abortschächten, die sich in der Außenmauer des Südflügels befinden, wurde während dieser Baumaßnahmen das Obergeschoss des linken Schachtes zu einem Erker ausgebaut. Die Brüstung ziert Blendmaßwerk, den Mittelpunkt bilden zwei Wappen: das bischöfliche des Rembert von Kerssenbrock wird von Putten gehalten, sein fürstliches von zwei Soldaten getragen. Dies ist der einzige Schmuck der gesamten Außenmauern. Spätgotische Formen hat vor allem das hohe Torhaus bewahrt, über dem spitzbogigen Portal wölbt sich ein Dreiviertelkreiserker aus der Mauer, in dem die Apsis der hier befindlichen Schlosskapelle liegt. Betritt man durch das Portal den Hof, so ist links neben dem Portal noch der mittelalterliche Zugang zur Burg in einem vermauerten Spitzbogenportal zu erkennen. Über einem Fenster sind die Jahreszahl 1551, ein Meisterzeichen und ein stilisiertes Blütenornament in den Putz eingeritzt. Das Datum bezieht sich auf den hier in erheblichen Resten erhaltenen Streifenputz, der ursprünglich das gesamte Gebäude überzog. Das stabwerkgerahmte Portal des Treppenturmes ähnelt auffallend den Treppenturmportalen der Schlossbauten am Schloss Detmold, Schloss Neuhaus und Schloss Petershagen. Aus Grundrissen des 17. Jh. und frühen 19. Jh. ließ sich ermitteln, dass sich im Erdgeschoss des Westflügels die Küche, im nördlichen Teil das Brau- und Backhaus befanden. Dieser Aufteilung kommt auch die unmittelbare Nähe der Brunnenanlage entgegen. Das Brunnenhaus selbst ist zwar neueren Datums, der 41 m tiefe Schacht besteht hier jedoch seit dem Mittelalter. Ins Innere des öffentlich zugänglichen Westflügels führt ein Portal von 1711. Im Obergeschoss liegt der ehemalige Saal, der zwei Kamine in unterschiedlicher Höhe besitzt. Die Ofenplatte in der Südwand schuf 1551 – so die Jahreszahl – Philipp von Soldan. Das Gelände um die Burg, die sogenannte Burgfreiheit, war seit dem Mittelalter mit Wohn- und Wirtschaftsgebäuden bebaut.

Der gesamte Komplex war zur Stadt hin durch eine Mauer abgetrennt, die erst 1819 abgebrochen wurde. Von den Gebäuden ist nur noch die östlich gelegene Zehntscheune (1682) erhalten geblieben, die 1958 in eine Festhalle umfunktioniert wurde.
Öffnungszeiten *www.dringenberg.de*

Exten

31737 Rinteln OT Exten, Mittelstraße (Karte B2)

Auf der Nebenstrecke von Hameln nach Rinteln findet man direkt an der Straße, in einem von einer Mauer umgebenen kleinen Park, das bezaubernde Schlösschen von Exten, erbaut 1727 im spätbarocken Regency Stil, das sich aus dem Stammsitz der Familie von Eckersten entwickelte. Vor dem Mittelrisalit, der von einem Dreiecksgiebel bekrönt wird, befindet sich eine zweiflügelige Freitreppe. Florales und angedeutetes Zopfdekor weisen auf den sich abzeichnenden Klassizismus hin. Der Schlosshof ist zwar nur eingeschränkt zugänglich, aber einen Blick auf das Schlösschen ist ein Stopp allemal wert.

Fürstenberg

37699 Fürstenberg Mainbrexener Str. 2 (KarteC5)

An strategisch günstigster Lage liegt Fürstenberg. Eine geeignetere Stelle für die Anlage einer Burg ist im weiteren Umkreis nicht zu finden. Nirgendwo erhebt sich ein Berg in dieser Form am Ufer der Weser empor. Auf seine Form und Lage geht auch der Name Fürstenberg zurück. Damit ist kein Geschlecht oder gar Fürst im

Der reich verzierte Giebel des Torhauses weist die typischen Merkmale der Weserrenaissance auf.

heutigen Sinne gemeint, sondern der Name Vorstenberg, wie er früher hieß, umschreibt einfach seine hervorragende – hervorstehende – topografische Lage. Aus dem Mittelalter sind nur spärliche Daten überliefert, aus denen angenommen werden kann, dass um 1350 eine Burg an dieser Stelle entweder modernisiert oder ganz neu erbaut worden war. Es besteht die Vermutung, dass es sich um die Modernisierung einer bereits bestehenden Anlage handelte. Ab dem Anfang des 12. bis zum 14. Jh. beherrschten Machtkämpfe der adligen Familien von Eberstein und von Homburg die Region. 1130 kaufte Graf Otto von Eberstein den „Vorstenberch" vom Grafen Adolph II. von Dassel. Die Überlieferung bzw. Benutzung des Namens Fürstenberg deutet darauf hin, dass zu der Zeit eine feste Burg bereits bestanden hat. Die Eversteiner verkauften Fürstenberg an die Herren von Hagen, die in Meinbrexen residierten. Als diese aber bald darauf ihre Besitzungen verkaufen mussten, ging der Fürstenberg wieder an die Grafen von Dassel. 1268 verkaufte dann Graf Ludwig von Dassel

das Gut Nienover zusammen mit der Hälfte des Sollings, in dem auch Fürstenberg lag, an König Richard Plantagenet, Graf von Cornwall. Dieser übertrug den Solling im Jahre 1272 an den Welfen Albrecht den Großen, womit der Fürstenberg nun auch in seinem Besitz gewesen wäre. Allerdings weigerte sich der Nachfolger Richards, die Übertragung des Besitzes zu bestätigen. Damit ging Fürstenberg zwischenzeitlich an den Grafen von Waldeck. Aber schließlich bekamen die Welfen doch noch Fürstenberg und den Solling, denn 1308 verkaufte Waldeck den Besitz endlich an den Herzog Albrecht den Feisten von Göttingen. Kurz vor 1350 müssen die Welfen auf dem Fürstenberg eine Burg entweder erbaut oder wahrscheinlicher, erneuert haben, denn in einem corveyischen Lehensverzeichnis wird unter diesem Jahre der Herzog von Göttingen als ein Vasall Corveys angeführt, der auch ein Teil des Sollings zum Lehen erhalten hatte. Infolge wirtschaftlicher Schwierigkeiten wurde 1399 der Forstinberg, wie er damals hieß, an Gottschalck von Plesse verpfändet. Erst im 16. Jh. hören wir wieder von Fürstenberg. Im Jahre 1519 hatte Herzog Ulrich von Württemberg sein Land verlassen müssen, weil er dort von dem Schwäbischen Bund vertrieben wurde. Während seines Exils residierte er abwechselnd bei seinen Schwägern Philip von Hessen und dem Herzog Heinrich den Jüngeren von Braunschweig-Lüneburg. Mehrmals hielten sich die drei Herzöge

auf der gerade fertig gestellten Sababurg im Reinhardswald, die Philip gehörte, der Residenz in Wolfenbüttel, wo Heinrich normalerweise wohnte, oder auf dem Fürstenberg auf. Im Schmalkaldischen Krieg, als die welfischen Gebiete fast ganz in den Händen des Bundes waren, wurde Fürstenberg 1545 unter Wolrad von Mansfeld und Otto von Malsburg von den Hessen genommen und weitgehend zerstört. Damit fand die Burg Fürstenberg ihr Ende.
Etwa ab 1590 wurde Fürstenberg als Jagdschloss von Herzog Heinrich Julius von Braunschweig wieder aufgebaut. Die vordere Fassade wurde im Stil der Weserrenaissance, das Torhaus mit hohem, reich geschmücktem Giebel, Voluten und Pyramiden gestaltet. Das vergoldete Monogramm HE weist auf den damals regierenden Herzog Heinrich Julius und dessen Gemahlin Elisabeth hin. Im Innern des Schlosses, dessen Stockwerke durch eine sehenswerte Holztreppenkonstruktion verbunden werden, befindet sich die weltberühmte Porzellanmanufaktur mit ihren Schauräumen. Schloss und Manufaktur können besichtigt werden.
Fürstenberg ist einer der wenigen Orte, die nicht nur eine Burg beziehungsweise Schloss besitzen, sondern derer gleich zwei. Denn es gibt noch die ehemalige Herzoglich-Braunschweigisch-Lüneburgische Domäne, wovon das dazugehörige Herrenhaus auch ein Schloss ist. Allerdings wird es immer nur als „die Domäne“ bzw. gar nur als „Pächterwohnhaus“ bezeichnet, weshalb das Gebäude als Schloss kaum Eingang in das Bewusstsein der Leute gefunden hat.
Öffnungszeiten *www.fuerstenberg-porzellan.com.*

Grevenburg

33039 Nieheim-Sommersell (Karte B4)

Südlich von Schwalenberg, zwischen Rolfzen und Marienmünster liegt Schloss Grevenburg, Sitz der Familie von Oeynhausen, die die Anlage ab 1536 ausbauen ließ. Der Torbau könnte noch aus der Bauzeit von 1536 stammen. Zum fünfgeschossigen Treppenturm (1579), der im Winkel zwischen Ostflügel und Torbau steht, führt eine stabgittergefasste Tür. Der in Fachwerk ausgeführte Ostflügel zeigt geschnitzte Schwellen und Balkenköpfe. Nord- und Westflügel wurden 1572 bis 1573 hinzugefügt.
Das Schloss ist Privatbesitz und nur von außen zu besichtigen.

Haddenhausen

32429 Minden-Haddenhausen, Schlossweg 15 (Karte A1)

Am Abend des 27. Oktober 1550 marschierte eine mehrere hundert Mann starke Bürgerstreitmacht der Stadt Minden gegen die mittelalterliche Burg Haddenhausen, auf der Johann von Münchhausen residierte. Der Freiherr von Münchhausen lag schon seit längerer Zeit mit der Stadt in Fehde und hatte seinerseits einen Überfall auf Minden geplant. Nach vier Tagen Belagerung und Beschuss seiner Festung ergab sich Johann von Münchhausen. Ihm und seinen drei Söhnen wurde der freie Abzug gestattet, während die Bürger die Burg plünderten und anschließend in Brand steckten.
Schon knappe zehn Jahre später war offensichtlich ein Nachfolgebau aufgerichtet worden, worauf eine Inschrift an einem Kamin

im Küchenkeller des heutigen Schlosses hinweist. Wie dieses Gebäude genau ausgesehen hat, ist unbekannt. 1610 kaufte ihn Johann von dem Bussche und ließ das heutige Schloss für sich und seine Gemahlin Lucia von Münchhausen errichten.
Zu der zweiflügeligen Anlage mit polygonalem Treppenturm im Winkel führt ein prächtiges rundbogiges Tor mit Wächterkopf, der aus einem Schlussstein hervorlugt, sowie eine Schlupfpforte für Fußgänger. Der nördliche Flügel bildet den eigentlichen Wohntrakt. Der Ostflügel enthält Stallungen und einen Rittersaal im Obergeschoss. Die beiden durch Gesimse und Zahnschnittleisten gegliederten Schaugiebel des Wohn- und des Saalbaues besitzen zwischen dem Obergeschoss und der ersten Giebelstaffelung eine Attikazone. An den Ecken ragen Männerköpfe aus der Mauerstärke hervor, ein recht beliebtes Motiv innerhalb der Weserrenaissance. Vor die Fassade des Wohnbaues ist eine einstöckige Auslucht gesetzt. An der Brüstung ist in die mittlere der drei vorhandenen Kartuschen das Baujahr 1616 eingeschrieben. Die obere Bekrönung bildet ein bewegter figurenreicher Aufbau. Die weibliche Figur in der Ädikula wird als die heilige Lucia, die Namenspatronin der Bauherrin, die bekrönende männliche Figur oft als Christophorus gedeutet. Dieser Aufbau, der einen stilistischen Kontrast zu der klassisch gegliederten Auslucht darstellt, dürfte eine spätere Zutat sein.
Das Schloss ist in Privatbesitz und nur von außen zu besichtigen. Es befindet sich in äusserst baufälligem Zustand und ein Verlust ist zu befürchten.

Hämelschenburg

31860 Emmerthal-Hämelschenburg, Schlossstraße 2 (Karte C3)

Das bekannteste und für die Weserrenaissance repräsentativste Schloss ist Hämelschenburg. Zwischen 1409 und 1414 erbauten die Grafen von Everstein auf dem Berg Woldau über dem Tal der Emmer die Burg Hemersen, die ab 1437 in den Besitz der Ritterfamilie Klencke überging. 1487 geriet die Burg in die Große Stadtfehde und damit in die Gegenpartei der Welfen. Sie wurde unter Herzog Wilhelm von Braunschweig-Lüneburg zerstört. Danach ließ die Ritterfamilie Klencke die Burg Hemersen wieder aufbauen. Der ab dann geführte Name Hämelschenburg entstand aus Dialektveränderungen des ursprünglichen Namens Hemersenburg, der wiederum aus dem „Herrmann sin Burg“ nach Herrmann von Everstein entstanden war. 1544 brannte die gesamte

Anlage einschließlich der tiefer gelegenen Schlosskirche vollständig nieder. 1588 ließen Jürgen Klencke und seine Frau Anna von Holle, die hochgebildete Nichte des Paderborner Bischofs Eberhard von Holle aus Verden, die Hämelschenburg als Wasserschloss im Stil der Weserrenaissance an neuem Standort am Flusslauf der Emmer neu erbauen. Die Mittel hierzu kamen einerseits durch Straßenzölle und andererseits aus enormen Gewinnen eines regen Kornhandels.

In dreißigjähriger Bauzeit diente der bereits vom Vater Jürgen Klenckes, Ludolf Klencke, errichtete Wirtschaftshof unmittelbar an der Emmer dem Bauherren und seiner Frau als bescheidene Wohnstatt, bis der Nordflügel der als Dreiflügelbau durchgängig geplanten Anlage fertiggestellt war. Der Mittel- und der Südflügel mitsamt zweier im italienischen Renaissancestil erbauten achteckigen Treppentürme folgten nach und nach. Die Vollendung des Schlosses erlebte Jürgen Klencke nicht, er starb 1609. Der älteste Sohn übernahm das Schloss nach dem Tod seines Vaters und ließ zusammen mit seiner Mutter den Bau fertig stellen. Im Dreißigjährigen Krieg gelang es Anna, das Schloss durch Allianzen zu schützen. Die couragierte Schlossherrin fuhr den anrückenden Truppen unter Tilly entgegen und handelte mit dem General einen Schutzvertrag aus, der es seinen Soldaten unter Androhung der Todesstrafe verbot, Hämelschenburg zu betreten. Sie rettete somit die gesamte Anlage vor Plünderung und Zerstörung. Im Siebenjährigen Krieg (1756–1763) wurde Hämelschenburg zwar besetzt und es verschwanden auch Teile der Inneneinrichtung, aber durch geschicktes Taktieren der Schlossherren konnte Schlimmeres abgewendet werden. So ist der Gesamtkomplex mit seinen vier aufwändig gestalteten Giebeln, 17 Zwerchhäusern, den beiden hohen, kupfergedeckten Treppentürmen, zwei ebenerdigen, doppelgeschossigen Erkern (so genannten Ausluchten), mehreren Portalen und einer prächtigen Zugangsbrücke über den mit Karpfen besetzten Schlossteich bis heute vollständig erhalten. Natürlich wurde das Schloss Hämelschenburg im 19. und 20. Jahrhundert den Erfordernissen moderner Wohnkultur angepasst. So wurde 1845–1850 der hohe Wall an der West- und Ostseite entfernt und der Graben an der Nordseite zugeschüttet. Die Rotsandstein-Eindeckung wurde bis 1974 durch die leichtere Schieferdeckung ersetzt und zusätzliche Dachgauben wurden eingefügt. Der originale Verputz wurde abgeschlagen und das Bruchsteinmauerwerk sichtbar gemacht. Die ehemals außenliegende Pilgerhalle wurde nach innen verlegt und schließlich das ganze Schloss mit einer modernen Zentralheizung versehen. Diese Umbauten beeinträchtigen aber nicht das historische Erscheinungsbild. Die Architekten des Schlosses sind nicht namentlich beurkundet. Die Vielzahl der Bauhütten und Bauschulen der damaligen Zeit lassen nur eine verallgemeinernde Mutmaßung zu. Fast identische stilistische Einzelheiten des Cord Tönnis, am Schloss von Detmold und am Archivhäuschen von Rinteln, lassen sich an den Fassaden der Hämelschenburg wiedererkennen. Details der Gestaltung der Giebel von Nord- und Westflügel sind identisch mit Werken der Baumeister Eberhard Wilkening und Johann Hundertossen. Seit 1973 ist das Schloss Hämelschenburg, im Besitz von Lippold von Klencke, im Rahmen einer Führung als privates Museum teilweise zugänglich und enthält in diesem Bereich eine vollständig erhaltene Ausstattung von Möbeln, Gemälden, Porzellan, Gläsern und Waffen aus der Renaissance-, Barock- und Gründerzeit. Etwa ein Drittel der Räume wird gezeigt. Die übrigen sind vermietet und werden von Privatpersonen bewohnt. Bemerkenswert ist die, nunmehr in die Eingangshalle (ehemaliges Wohnzimmer), eingefügte Front der „Pilgerhalle“. Zwei von in den Sandstein modellierten Jakobsmuscheln gekrönte Säulen umrahmen eine Durchreiche, die den Pilgern auf ihrem Weg von Norden nach Santiago de Compostela in Spanien Speisung und Unterkunft verhießen. Dieses Versprechen wird auch heute noch aufrecht erhalten. Das Schloss bietet auch Brautpaaren die standesamtliche Trauung im historischen Rahmen an.

Öffnungszeiten *www.schloss-haemelschenburg.de*

Hannoversch Münden

34346 Hannoversch Münden, Schlossplatz 5 (Karte D6)

Etwa um 1500 ließ Erich I. von Braunschweig-Calenberg das Schloss in Hann. Münden repräsentativ ausbauen. Aus dieser Zeit stammt noch der Treppenturm im Winkel der zweiflügeligen Anlage mit einer stabwerkgerahmten Tür und der sich anschließende Trakt mit der Schlosskapelle. Nach einem Brand wurde der Bau 1560 erneuert. Geplant war eine Vierflügel-Anlage. Ein Flügel in Fachwerkbauweise, parallel zum nördlichen Flügel wurde errichtet. Dieser Flügel ist heute wieder abgerissen. Der vierte (westliche) Flügel kam nicht zur Ausführung. Lediglich das Treppenhaus schließt den nördlichen Flügel ab. Der nordwestliche Giebel ist in einer für die Weserenaissance typischen, aber schon recht weit entwickelten Weise mit Rollvoluten und Obelisken eingefasst. Im Schloss markieren zwei Kamine mit den Jahreszahlen 1562 und 1574 die beiden Bauphasen, in der die Residenz wiederhergestellt und ausgebaut wurde. Aus der Zeit um 1570 stammen der südöstliche Flügel und Teile der Innengestaltung.

Einige Räume haben noch umfangreiche Teile der Renaissance-Ausstattung bewahrt und gehören damit zu den ganz wenigen Beispielen umfangreich erhaltener, innenarchitektonischer Gestaltung einer Schlossanlage des 16. Jh. Dem Zeitgeist gewidmet war eine Ausmalung im nördlichen Trakt des Langflügels. Im sogenannten Schiffsgemach berichten die Wandmalereien von der Seeschlacht von Lepanto, bei der 1571 italienische und spanische Flotten die Vorherrschaft der Türkei im Mittelmeer brachen. Diese Malereien sind nur noch in Resten vorhanden. Weitere Ausmalungen im ersten Obergeschoss desselben Flügels, direkt vor der Schlosskapelle, sind nicht mehr vorhanden, sondern nur durch Aufzeichnungen bezeugt. Im Schloss sind heute das Museum und die Stadtbücherei untergebracht. Eine Teilbesichtigung ist möglich. Öffnungszeiten unter *www.hann.muenden.de.*

Hasperde

31848 Bad Münder-Hasperde (Karte C2)

Die denkmalgeschützte dreiflügelige Schlossanlage im Stile der Weserrenaissance aus der Mitte des 17. Jahrhunderts erhielt durch einen Umbau 1893 ihre jetzige Gestalt. Das Schloss beherbergt ein Seniorendomizil und ist nur von außen zugänglich.

Hastenbeck

31789 Hameln-Hastenbeck (Karte C3)

Das Rittergut Hastenbeck wurde bereits im 13. Jahrhundert das erste Mal erwähnt. Im 17. Jahrhundert fiel das Gut an die Familie von Reden. Sie bauten 1635 ein neues Herrenhaus. An dessen Stelle wurde 1869 der neugotische Schlossbau errichtet. Das Schloss ist in Privatbesitz und nur von außen zugänglich.

Hehlen

37619 Bodenwerder-Hehlen (Karte C3)

Ilse von Saldern, die Ehefrau von Herzog Heinrich dem Jüngeren zu Braunschweig-Lüneburg, die seit 1574 von ihm getrennt lebte, ließ 1579 das von Türmen flankierte Wasserschloss Heh-

len erbauen. Es war ein reiner Repräsentationsbau ohne militärischen Zweck. Es blieb bis 1956 im Besitz der Familie von Saldern und derer von der Schulenburg, die es dann an eine Privatperson veräußerten. Mit dem Schlossbau begann das Entstehen einer Reihe von großen Adelsschlössern der Weserrenaissance, deren prachtvollste die Hämelschenburg und das Schloss Bevern darstellen.

Das Schloss ist in Privatbesitz und nur eingeschränkt von außen zugänglich.

Hessisch Oldendorf

31840 Hessisch Oldendorf (Karte B2)

Münchhausen-Burghof in Hessisch Oldendorf.

Der ursprünglich an einem Weserarm gelegene Münchhausen-Hof ist einer der größten und bedeutendsten Adelshöfe der Weserrenaissance.

Die Hofanlage entstand wohl bereits im 13. Jahrhundert. Zwischen 1582–1585 kam es zu einem weiteren Ausbau des Anwesens. Das Herrenhaus ist eine Zweiflügelanlage mit polygonalem Treppenturm. Im Inneren blieb ein Saal erhalten, dessen Tür und Kamin mit Beschlagwerkdekor verziert sind.

Hinnenburg

33034 Brakel-Hinnenburg (Karte B4)

Zwei Kilometer oberhalb des Ortes Brakel liegt Schloss Hinnenburg. Seit dem 13. Jh. Sitz der Ritter von Brakel, gelangte sie später, nach Aussterben der Familie, an die Herren von Asseburg. Die heutige, sehr schlichte Dreiflügelanlage mit Eckturm im

Süden erhielt ihre wesentliche Gestaltung um 1600, die gesondert stehende Schlosskapelle stammt von 1658. Ein weiterer Ausbau wurde im 18. Jh. vorgenommen.
Besichtigung nur im Rahmen der öffentlichen Wanderwege.

Hülsede

31867 Hülsede (Karte C2)

Das Wasserschloss Hülsede, im Tal zwischen Deister und Süntel gelegen, wurde zwischen 1529 und 1548 als vierflügelige Anlage erbaut. Es ist ein typisches Beispiel für einen frühen Renaissancebau im Weserraum. Der herausragende kunsthistorische Wert des Schlosses liegt in der original erhaltenen Bausubstanz des 16. Jahrhunderts. Das Wasserschloss und die Hofgebäude stehen unter Denkmalschutz und sind in den letzten zwanzig Jah-

ren umfassend restauriert worden. Die gesamte, sehr gepflegte Anlage und die dazu gehörige Landwirtschaft befindet sich seit über 400 Jahren in Familienbesitz.
1310 belehnte der Graf von Schaumburg die Rottorps mit dem Hof in Hülsede, der der Grundstock des späteren Ritterguts war. Das Schloss als Vierflügelanlage wurde zwischen 1529–48 erbaut durch (Clawes) Claus von Rottorp und bis 1600 weiter ausgebaut. 1584 erlosch das Geschlecht derer von Rottorp im Mannesstamme. Der Schwiegersohn Ernst von Reden konnte sich gegen den Grafen von Schaumburg nicht durchsetzten. Daraufhin belehnten der Graf von Schaumburg und der Bischof von Minden Hermann von Mengersen mit dem Gut in Hülsede. 1908 wurde das Lehen freier Besitz der Mengersens. 1970 übernahm Monika von Bronsart, geb. von Mengersen, den Besitz. Ab 1979 wurde das Schloss restauriert.
Das Schloss kann nur von außen besichtigt werden.

Lauenau

31867 Lauenau (Karte C1/2)

Schloss Lauenau ist nur sehr eingeschränkt zugänglich, wer auf dem Weg nach Bad Nenndorf oder nach Hülsede ist, sollte sich trotzdem einen Blick auf die wuchtigen Mauern des ehemaligen Wasserschlosses, das im 16. Jahrhundert im Baustil der Weserrenaissance errichtet wurde gönnen. Die Anlage als ursprüngliche Wasserburg aus dem 12. Jahrhundert ist noch deutlich zu erkennen. Um 1190 ließ Herzog Heinrich der Löwe nach seiner

Rückkehr von einem Kreuzzug die Burg Lauenau als Wasserburg errichten. Sie diente als Grenzfeste gegen die Schaumburger Grafen, die während seiner Abwesenheit seine Ländereien vereinnahmt hatten. 1307 wurde die Burg erstmals urkundlich erwähnt. Die Welfen verpfändeten die Burg weiter an Burgmannen und auf diese Weise kam sie 1331 an Graf Adolf von Schaumburg. Während der Hildesheimer Stiftsfehde wurde die Burg vom schaumburgischen Feldobersten Ludolf von Münchhausen belagert. Die Burgbesatzung ergab sich gegen freien Abzug. Die Schaumburger zerstörten die Burg bis auf die Grundmauern, damit sie nicht erneut gegen sie eingesetzt werden konnte. Den Wiederaufbau ließ Graf Otto IV. von Schaumburg und Holstein 1565–1572 vornehmen. Dabei entstand auf den Grundmauern der Wasserburg ein Wasserschloss im Stil der Weserrenaissance. Es wurde zweigeschossig als Vierflügelanlage errichtet. Das Schloss war von drei Seiten von einem Wassergraben umgeben, der auf einem Merian-Stich von 1654 erkennbar ist. Der Westflügel der Anlage war der Wohnbau, der einen Keller mit Kreuzgewölbe aufwies. Im Ostflügel wurde ein Festsaal eingerichtet. 1694 und 1695 wurde Prinzessin Sophie Dorothee als Ehefrau von Georg Ludwig von Hannover drei Monate lang auf Schloss Lauenau festgehalten. In dieser Zeit fand ihr Scheidungsprozess wegen eines nachgesagten Liebesverhältnisses zu Graf Philipp Christoph von Königsmarck statt, nach dem sie auf Schloss Ahlden verbannt wurde. 1727 erhielt die Schlossanlage seitliche Stützpfeiler, da die auf Eichenpfähle gegründeten Fundamente durch die Gebäudelast beschädigt waren.

Bis 1852 hatte das Amt Lauenau seinen Sitz im Schloss. 1866 wurde das Schloss mit seiner landwirtschaftlichen Domäne von Preußen verstaatlicht und verpachtet. Um 1950 kam die Schlossanlage in Privatbesitz. Das Schloss ist heute vermietet und kann nur sehr eingeschränkt besichtigt werden

Marienburg

30982 Pattensen, Marienberg 1 (Karte D2)

Die Marienburg, zwischen Elze und Nordstemmen gelegen, gehört zwar eher zum Leinebergland, liegt aber in so dichter Nachbarschaft, dass sie hier mit erwähnt werden soll.

Wenn man die B 1 von Elze kommend Richtung Hildesheim fährt, sieht man linker Hand ein Schloss wie aus dem Märchenbuch auf dem Berg liegen. Man denkt unwillkürlich an Ritter, Turniere und mittelalterliches Leben. Dabei war diese Zeit lange vorbei, als das Schloss gebaut wurde. Mit seiner Entstehungszeit von 1857 ist es so etwas wie ein niedersächsisches Neuschwanstein. König Georg V. schenkte es 1857 seiner Frau zum Geburtstag. Der hannoversche Architekt Conrad Wilhelm Hase, ein Liebhaber der Neogotik, war für die Bauausführung verantwortlich. Leider hat es die königliche Familie nur einen Sommer lang benutzen können. 1866 wurde nach der verlorenen Schlacht von Langensalza Hannover preußische Provinz und das Königreich Hannover war Geschichte. Hinter der altertümlichen Fassade verbirgt sich durchaus moderner Wohnkomfort. So verfügt der Rittersaal über eine Fußbodenheizung und in der Küche gab es fließend warmes Wasser, für die Entstehungszeit durchaus nicht selbstverständlich. 1945 bezog Herzog Ernst August mit seiner Frau Luise die Marienburg, nachdem sie Schloss Blankenburg in der sowjetischen Besatzungszone verlassen mussten. Bis 1965 war hier der Wohnsitz der königlichen Familie. Seit 2006 wird die Marienburg zunehmend für die Öffentlichkeit erschlossen. Die Burg kann besichtigt werden und wird für Veranstaltungen, Gastronomie und private Feiern vermietet.
Öffnungszeiten *www.schloss-marienburg.de.*

Petershagen

32469 Petershagen, Schloss (Karte A1)

Direkt an der Weser, etwas nördlich von Minden, an der Mündung der Ösper, liegt das Schloss Petershagen. 1306 wurde hier vom damaligen Mindener Bischof Gottfried von Waldeck eine Wasserburg errichtet. Auf Veranlassung des Bischofs Franz II., Graf von Waldeck, baute der Baumeister Jörg Unkair im 16. Jahrhundert die Burg zu einem sehenswerten Schloss der Weserrenaissance um. Dabei wurde insbesondere dunkler Portasandstein als auch heller Obernkirchener Sandstein benutzt. Es umfasst mehrere Gebäude, die zur heutigen Schlossanlage zusammengewachsen sind.

Das Schloss Petershagen wird heute als Hotel genutzt. Der Kreis Minden-Lübbecke veranstaltet zur Förderung von Kunst und Kultur in Kooperation mit dem Verein Herrenhäuser und ihre Parks im Mühlenkreis Kammerkonzerte im Schloss. Außerdem wird das Hotel genutzt als Ausgangspunkt für die Besichtigung zahlreicher in unmittelbarer Nachbarschaft liegender Mühlen der Westfälischen Mühlenstraße und für Radtouren auf dem Weserradweg. Informationen: *www.schloss-petershagen.com*

Polle

37647 Polle (Karte C4)

Laut dem Märchen der Brüder Grimm soll Aschenputtel in Polle zu Hause gewesen sein. Hoch über der Weser erhebt sich das einstmals stolze und eindrucksvolle Anwesen des Grafen Ever-

stein, von dem heute nur noch einige Mauerreste und der vermutliche Burgfried geblieben sind.
Um 1200 wird die Erbauung der Burganlage als sogenannte Höhenburg vermutet. 1285 erfolgte die erste urkundliche Überlieferung von Burg Polle. Graf Otto von Everstein übertrug dem Kloster Loccum Güter bei Gestorf (Hannover) im Jahre 1374. Die „Eversteinsche Erbfolgefehde“ von 1407 endete mit der Einnahme der Burg durch Truppen des Herzogs Heinrich von Braunschweig. Hermann VII. von Everstein ging als letzter seines Geschlechts in die Verbannung. 1623 Eroberung der Burg durch kaiserliche Truppen. 1641, im Verlauf des Dreißigjährigen Krieges, beschossen schwedische Truppen bei der Belagerung die Burg, so dass diese letztlich ausbrannte und in den folgenden Jahrhunderten als Ruine verfiel. 1656 Erbauung des stattlichen Amtshauses im Bereich der Unterburg. Es folgten weitere Amtsbauten, die zu einer Umgestaltung des unteren Burgbereichs führten. 1934 Schenkung der Burgruine an den Flecken Polle durch den Preußischen Staat. Im Zweiten Weltkrieg wird das repräsentative Amtshaus zerstört. Das Renaissanceeingangsportal mit den Wappen des Herzogs Julius von Braunschweig (1613) und seiner Gemahlin blieb erhalten.
1956 kaufte der Flecken Polle das Amtshaus mit Burgpark vom Land Niedersachsen. 1984 Beginn der umfassenden Sanie-

rungsarbeiten an der Ruine, die den Erhalt der Gebäudereste und Ringmauern zum Ziel hat. 1986 archäologische Grabung an der Ostseite und Freilegung eines bisher unbekannten Gewölbes. Durch weitere Untersuchungen im Burgbereich konnten Keramik, Speisereste, Glas-, Kachelfragmente usw. geborgen werden, welche interessante Rückschlüsse über das Leben auf der Burg zuließen. Die Burgruine kann durchgehend besichtigt werden.

Sababurg

34369 Hofgeismar-Sababurg (Karte C6)

Die Brüder Grimm lassen grüßen. Die Sababurg soll das Vorbild für das märchenhafte Dornröschenschloss gewesen sein.
Der Mainzer Erzbischof ließ im Jahre 1334 die „Zapfenburg" zum Schutz eines Wallfahrtsortes und gegen das Vordringen Hessens erbauen. Von 1490 bis 1492 entstand anstelle der zur Ruine gewordenen Burg ein neues Jagdschloss. Den Auftrag dazu erteilte Landgraf Wilhelm II. von Hessen. Durch Wilhelm IV. wurde das Schloss erweitert. Außerdem ließ er einen Tiergarten anlegen.

Wie auch viele andere Schlösser und Burgen wurde die Sababurg von den kriegerischen Auseinandersetzungen im Dreißigjährigen Krieg nicht verschont. Die Burg erhielt ihre alte Schönheit noch einmal im Jahre 1765 zurück. Landgraf Friedrich II. ließ sie erneut zu einem fürstlichen Jagdschloss ausbauen. In den nächsten Jahrzehnten verfiel die Burg wieder zur Ruine. 1824 wurde sie teilweise abgebrochen. 1959/60 erfolgte der Ausbau der Wirtschaftsgebäude zu einem Hotel/Restaurant.
Erhalten sind noch ein zweistöckiger Wohnbau, ein achtseitiger Treppenturm an der Ostseite und die zwei starken Eckrundtürme. Das Schloss beherbergt heute ein Hotel und Restaurant, außerdem befindet sich der 1571 gegründete und damit älteste erhaltene Tiergarten Europas mit Forst- und Jagdmuseum und ein Urwald mit bis zu 1000jährigen Eichen in unmittelbarer Nachbarschaft. Informationen: *www.sababurg.de*

Schwalenberg

32816 Schieder-Schwalenberg (Karte B4)

Hoch über dem Ort, mit fantastischer Aussicht, liegt Schloss Schwalenberg, das als Höhenburg im 13. Jh. gegründet wurde. Von der großzügigen zweiflügeligen Anlage der Schwalenberger Grafen blieb nur ein Gebäude mit Treppenturm bestehen, das 1627–1632 erneuert und auf einen zeitgemäßen Standard gebracht wurde. Heute befindet sich eine Gaststätte im Gebäude.

Schaumburg

31737 Rinteln-Schaumburg (Karte B2)

Die Schaumburg gehört zu den markanten Punkten des Schaumburger Landes und ist seit über 800 Jahren sein Wahrzeichen. Ihren Namen, ehemals Schauenburg, den sie mit dem heutigen Rintelner Ortsteil Schaumburg teilt (früher Rosenthal), verdankt sie vermutlich dem herrlichen Ausblick in das Wesertal. Die Burg steht auf dem 225 Meter hohen Nesselberg im Wesergebirge, an der Weser und zwar ca. 12 km östlich der Rintelner Kernstadt. Auf dem Nesselberg soll vor 900 Jahren ein Jagdhaus gestanden haben, das dem Rodenberger Adolf von Santersleben gehörte. Sein Sohn, Adolf II., erbaute die Burg und nannte sich fortan Edler von Schaumburg. Seitdem war die Burg der Stammsitz der Grafen von Schaumburg, die im 13. Jahrhundert bei der Binnenkolonisation des Oberwesergebietes, Ostholsteins und Mährens eine bedeutende Rolle spielten. Ab 1517 diente die Burg nur noch als Witwensitz; ihre letzte Bewohnerin war Elisabeth von Schaumburg, die 1646 starb. Im Jahre 1640 starb mit dem Grafen Otto die Hauptlinie der Schaumburger aus. Die Grafschaft wurde zwischen Braunschweig-Lüneburg und den Grafen von Lippe und Hessen-Kassel geteilt, die Burg wurde hessisch und Sitz des Amtes Schaumburg. Ab 1821 wurde die Burg von der nahegelegenen Domäne Coverden genutzt.

Nachdem sie 1866 mit der Annexion von Hessen-Kassel (Kurhessen) durch Preußen in preußischen Besitz übergegangen war,

wurde sie 1873 als Gasthaus hergerichtet. Am 16. April 1907 wurde die Schaumburg von Kaiser Wilhelm II. dem Fürsten von Schaumburg-Lippe zur Silberhochzeit geschenkt und gründlich restauriert. Seit 1999 findet dort regelmäßig im September ein Mittelalter-Markt statt. Von der mittelalterlichen Anlage der Burg, die aus Vor- und Hauptburg besteht, stehen noch drei der ursprünglich vier Türme. Im ehemaligen Herrenhaus, das auch als Schloss Schaumburg bezeichnet wird, befindet sich heute eine Gaststätte. Rüstungen und Waffen der ehemaligen Bewohner sind im Schlossmuseum zu besichtigen.
Vor der Schaumburg steht eine ca. 600 Jahre alte Linde, die sogenannte Blutlinde, auf die sich eine Sage bezieht: „So wahr dieses Lindenreis, das ich hier pflanze, grünen und blühen wird, bin ich unschuldig!“, soll eine junge Frau gesagt haben, die hier um 1400 in einem Hexenprozess zum Tode verurteilt wurde.
Öffnungszeiten *www.schloss-schaumburg.de.*

Schwöbber

31855 Aerzen-Königsförde, Schwöbber 8 (Karte B3)

Das Schloss samt Zehntscheune und umgebender Wassergräben wurde ab etwa 1570 (nach anderen Angaben 1574–78 bzw. 1588) vom Hamelner Baumeister Cord Tönnies im Auftrag des Feldobristen Hilmar Baron von Münchhausen, einem der reichsten Männer seiner Zeit, als Wasserschloss erbaut. Dem Schloss war ursprünglich ein Wirtschaftshof vorgelagert, so dass die An-

lage auch nach der vierten Seite abgeschlossen war. Im Jahr 1668 ging es an Otto I. von Münchhausen und seinen Bruder Burchard über. Um 1700 wurde ein Renaissancegarten angelegt. Der Garten in Schwöbber war zu damaliger Zeit so bekannt, dass er 1714 auch in dem Kupferstichwerk „Nürnbergische Hesperides" des Kaufmanns Johann Christoph Volkamer beschrieben und abgebildet wurde. Für das Jahr 1715 ist bekannt, dass der russische Zar Peter der Große zu Gast in Schwöbber war, da er sich für die zur damaligen Zeit größte Pflanzensammlung Europas und die Orangerie mit ihrer Ananaskultur interessierte. Landdrost Otto II., Freiherr von Münchhausen, der als Begründer der Agrarwissenschaft gilt, wandelte den Schlosspark 1750 in einen der frühesten Landschaftsgärten Kontinentaleuropas von etwa acht Hektar Ausdehnung um. Die Baumschule Otto von Münchhausens war eine der bedeutendsten der damaligen Zeit; sie besaß als eine der ersten Baumschulen in Deutschland Gehölze aus Nordamerika. 1840 wurde eine Schlosskapelle errichtet. Die im Stil der Neore-

naissance ausgestattete Kapelle ist eines der frühesten Beispiele für das Wiederaufgreifen regionaler Renaissanceformen. Ab Mitte des 19. Jahrhunderts war Schloss Schwöbber ein Zentrum des regionalen kulturellen Lebens und wurde auch zu einem touristischen Ziel. 1908 brannte das Schloss durch einen Blitzschlag teilweise aus. 1919 erwarb Eduard Meyer, Besitzer eines Saatgutbetriebes, das Schloss, das bis dahin im Familienbesitz Münchhausen geblieben war. Er ließ die Inneneinrichtung in den Jahren von 1920 bis 1922 umgestalten. Brände zerstörten weitere Teile der Inneneinrichtung. Während des Zweiten Weltkriegs war ein großer Teil der Kunstwerke der Kunsthalle Bremen in Schloss Schwöbber ausgelagert. In den Jahren nach dem Zweiten Weltkrieg war es zeitweise Lehrerfortbildungsheim. Von 1985 bis 2002 wurde es als Clubhaus und Hotel des Golfplatzes Schloss Schwöbber genutzt. Im Oktober 1992 kam es erneut zu einem Großbrand im Mittelflügel. 2002 erwarben Ursula und Friedrich Popken das inzwischen einsturzgefährdete Gebäude und restaurierten und modernisierten das Schloss. Im Jahr 2004 wurde dort das 5-Sterne-„Golf- und Schlosshotel Münchhausen“ eröffnet. Der Park wurde neu gestaltet, da die Quellenlage für eine Rekonstruktion zu schlecht war. Auch heute stehen im 8,5 Hektar großen Park wieder zahlreiche exotische Gehölze. Die berühmten Gewächshäuser sind ebenfalls verloren. Anstelle der ursprünglich am Wassergraben errichteten Orangerie befindet sich heute das Hotelschwimmbad.
Informationen: *www.schlosshotel-muenchhausen.com*

Stadthagen

31655 Stadthagen, Obernstraße (Karte B1)

Das heutige Schloss Stadthagen wurde in den Jahren 1535–1539 von dem Grafen Adolf XI. an der Stelle einer Wasserburg, die aus dem Jahre 1224 stammte, errichtet. Diese wurde von dem Grafen Adolf III. von Schaumburg in einer Rodung im Dülwald gebaut und legte mit der gleichzeitig gegründeten Stadt Stadthagen den Grundstein der Herrschaft Schaumburg.
Der Neubau des Schlosses wurde von dem Architekten Jörg Unkair geplant und gebaut. Jörg Unkair wählte bei Obernkirchen persönlich in den Bückebergen Sandstein für das zu bauende Schloss aus. Das Residenzschloss wurde als eine großzügige Vierflügelanlage, deren Ecke zum Nordwesten zur Innenstadt hin offen blieb, von ihm gestaltet. Die an Zwerchhäusern und Flügelgiebeln welschen Giebel ähneln denen der Schelenburg bei Osnabrück, die der Architekt Unkair zuvor errichtet hatte. Da er aber in Stadthagen auf die alten Burgreste aus dem Mittelalter keine

Rücksicht nehmen musste, wirkt das Schloss nicht nur nach innen, sondern auch nach außen viel freundlicher als der erste Bau Unkairs. Das Schloss ist ein reines Wohnschloss, das nicht für Wehraufgaben gebaut wurde. Nachdem das Schloss 1539 fertig gestellt war, zog im folgenden Jahr die schaumburger Landesregierung ein, auch die Steuer- und Finanzbehörde erhielt hier ihren Sitz. Im Jahre 1608 wurde der Regierungs- und Wohnsitz der schaumburger Grafen nach Bückeburg verlegt. Später diente das Schloss als Witwensitz bzw. Wohnsitz des Erbprinzen. 1875 erfolgte eine umfassende Restaurierung. Nach dem Ersten Weltkrieg wurde das Schloss 1919 Eigentum des neu gegründeten Freistaates Schaumburg-Lippe, seit dem Jahre 1946 des Landes Niedersachsen.
Es ist momentan Sitz des Finanzamtes von Stadthagen. Anfang des 21. Jahrhunderts wurde die Sandsteinfassade des Schlosses renoviert und Mitte des Jahres 2006 wurden das Fundament des Balkons mit angeschlossener Terrasse an der Südseite renoviert sowie die gesamten alten Fenster durch neue Sprossenfenster ersetzt. Interessant sind die im Südflügel befindlichen Prunkkamine des flämischen Bildhauers Arend Robin. Ein Kamin mit dem Relief „Triumph der Elemente“ 1576, ein zweiter mit den „Vier Jahreszeiten“ und der dritte „Bacchustriumph“ 1604. Es wird als ältestes und wohl einflussreichstes Baudenkmal der Weserrenaissance in Niedersachsen bezeichnet. Zum Schloss gehören außerdem ein ehemaliger Marstall, ein Waschhaus, ein Kavalier-

haus und eine Zehntscheune, die ebenfalls in Stil der Weserrenaissance im 16. Jahrhundert erbaut wurden. Die Zehntscheune soll zu einem vielfältigen Veranstaltungszentrum ausgebaut werden. An der Ecke des Remisengebäudes befindet sich eine alte Sonnenuhr aus dem Jahre 1697. Außerdem befindet sich nördlich des Schlosses ein kleiner Festungsturm der ehemaligen Stadtbefestigung. Insgesamt bilden die Gebäude um das Schloss herum einschließlich des Landsbergschen Hofes und des nahen fürstlichen Mausoleums ein hochwertiges Weserrenaissance-Ensemble. Eine Besichtigung des Schlosses ist nach vorheriger Anmeldung beim Finanzamt möglich. *www.stadthagen.de*

Thienhausen

32839 Steinheim-Rolfzen, Dreizehnlindenweg (Karte B4)

Zwischen Rolfzen und Steinheim steht eine der schönsten Anlagen der Weserrenaissance, Schloss Thienhausen, das ab 1609 für Tönnes Wolf von Haxthausen unter Verwendung älterer Teile entstand.

Im 19. Jh. war das Schloss Treffpunkt vieler Schriftsteller der Romantik, die der Schlossherr August von Haxthausen unterstützte und förderte. Als passionierter Volksliedersammler und Volkskundler hat er die Literatur der Romantik nicht unwesentlich mit-

bestimmt. Zu seinen Schützlingen gehörten unter anderem die Brüder Grimm und Friedrich Wilhelm Weber, die zeitweise auf dem Schloss wohnten und arbeiteten. 1905 fiel das Gebäude einem Brand zum Opfer, der weite Teile, vor allem im Inneren, zerstörte. Das Gebäude wurde anschließend mit leichten Veränderungen wiederaufgebaut.
Die noch heute teilweise von einem Wassergraben umgebene Schlossinsel betritt man durch ein schlichtes Rundbogenportal. Seitlich sind die Wappen derer von Haxthausen und von Oeynhausen eingelassen. In der nördlichen Ecke der Insel steht die rechtwinkelige Zweiflügelanlage, die an ihrer nördlichen äußeren Ecke einen zweistöckigen Rundturm besitzt, der einen Zwillingsbruder im Osten hatte, von dem nur noch die Grundmauern (in der Gräfte) erhalten sind. Der südwestliche, zum Eingang ausgerichtete Giebel ist komplett mit Bauschmuck überzogen. Flaches Beschlagwerk füllt die Wandflächen, die von Schmuckpilastern und Gesimsen unterteilt werden. Der barocke Eingang im Erdgeschoss an dieser Front befand sich ursprünglich an der Traufseite dieses Flügels und ist erst nach dem Brand hierher versetzt worden. Die Fenster, die von Säulen gerahmt und einem Gebälk be-

krönt werden, tauchen in ähnlicher Ausprägung auch an anderen Bauten auf, z.B. am Paderborner Rathaus, Burg Schwalenberg, Kotzenbergsche Hof. Im Winkel der beiden Flügel steht ein quadratischer Treppenturm, der erst nachträglich einen äußeren Zugang erhielt (Portal und Terrasse von 1899); ursprünglich verband er nur innen die Geschosse.
Ähnlich wie der westliche Giebel sah der jetzt schmucklose Ostgiebel des zweiten Flügels aus, der jedoch 1850 abgebrochen wurde. Eine Reihe weiterer Bauteile, teilweise vom abgebrochenen Giebel, aber auch alte Fensterrahmungen und ein ehemaliger Kamin befinden sich seit 1989 im Weserrenaissance-Museum Schloss Brake.
Besonders schön ist das Sitznischenportal, das in den östlichen Flügel führt und einem Portal der Hämelschenburg (Hofseite des Südflügels) ähnelt. Gestaffelte Eierstab- und Zahnschnittfriese bilden die Rahmung, die von zwei Säulen und einem Gebälk eingefasst wird. Eine Dreiecks- oder Halbkreisbekrönung wird im Nischenportal den oberen Abschluss gebildet haben. Innen erinnert noch ein mit 1575 bezeichneter Kamin an den Vorgängerbau des heutigen Schlosses. Die Wirtschaftsgebäude außerhalb der Schlossinsel stammen aus dem 19. und 20. Jh.
Das Schloss ist Privatbesitz und nur von außen zu besichtigen.

Varenholz

32689 Kalletal-Varenholz, Beutebrink 1 (Karte A2)

Etwas abseits der Bundesstraße 238, westlich vom Kloster Möllenbeck, liegt Schloss Varenholz. Die eigenwillige Konzeption des Gebäudes als Vierflügelanlage mit zwei polygonalen Eckbastionen am nordöstlichen Flügel, die dem Schloss einen wehrhaften Charakter verleihen, hat die bis heute ungelöste Frage, nach dem Baumeister aufgeworfen. Bauherr war der lippische Graf Simon VI., der das Schloss 1591–1600 zu einer Vierflügelanlage ausbauen ließ. Dabei wurden der mittelalterliche Wohnturm im Nordwesten sowie der Torflügel, den 1542/43 Simon de Wendt schuf, einbezogen. Die Wappen des Grafen und seiner ersten Gemahlin, Irmgard von Rietberg, die bereits 1584 starb und mit der er zeitweise Schloss Varenholz bewohnte, sind über dem Tor angebracht.
In Varenholz stößt man auf die ersten geschichtlichen Grundlagen von Lippe, dem größten Fürstentum des Deutschen Reiches. Im Jahre 1323 erwarben die Herren zur Lippe die Burg Vornholte und die dazugehörige, an Langenholzhausen gebundene Gerichtsbarkeit. In einer Fehde mit dem Bischof von Minden wurde die Burg zerstört, um 1600 aber vom Grafen Simon VI., der wahr-

scheinlich auch der Architekt gewesen ist, im Stil der Weserrenaissance wieder aufgebaut mit Treppentürmen, einer durch alle Stockwerke gehenden Utlucht, die im Dach in ein Zwerchhaus ausläuft, und Dachflächen, die mit Sollingsandstein gedeckt sind. Zeitweise war Schloss Varenholz Wohnsitz des Landesherrn.

Im Herbst 1945 mietet die Universum-Film AG (UFA) das Schloss für zehn Jahre. Die Mittel dieser Filmgesellschaft erlaubten nicht nur verschiedene Restaurierungen, sondern es wurde auch manches eingefügt, was dem Betrachter heute als alt erscheint, z.B. der große schmiedeeiserne Leuchter im Tordurchgang, der überdachte Treppenaufgang und die eichenen Tore des Garagenhauses mitsamt ihren schmiedeeisernen Hespen, auch der freistehende Torbogen, der Schlosseingang und Gutshof voneinander trennt. Damals wurde der Obstgarten vor der Nordostfront in einen Park umgewandelt. Der UFA folgte eine Privatschule, die sich noch heute im Schloss befindet.

Die Nordostfront wird von zwei massigen, untersetzten Türmen flankiert, die die Eleganz der Weserrenaissance vermissen lassen, aber zumindest in Deutschland einmalig sein dürften. Das untere Stockwerk zeigt einen dreieckigen Grundriss, der aufgesetzte Mittelteil ist viereckig und der obere, zweigeschossige Teil achteckig. Und diese verschrobene Form hat nicht nur ein Turm – das hätte durch Umbauten zu verschiedenen Zeiten erklärt werden können – diese Form haben beide Türme, und man weiß, dass sie seit ihrem Bau nicht mehr verändert worden sind. Die Schlosskapelle mit einem Orgelprospekt aus dem 17. Jahrhundert ist heute kirchlicher Mittelpunkt der drei lippischen Dörfer Stemmen, Varenholz und Erder. Ein unterirdischer Gang, der der Sage nach Varenholz mit dem Kloster Möllenbeck verbunden haben soll, wurde trotz einer ausgedehnten Grabung bisher nicht gefunden. Eine Besichtigung ist nur von außen möglich.

Wendlinghausen

32694 Dörentrup (Karte A3)

Ein wenig abseits der Strecke Barntrup-Lemgo liegt Schloß Wendlinghausen. Hilmar von Münchhausen d.J., der nach dem Tod seines Vaters den Bau von Schloß Schwöbber zu Ende geführt hatte, ist auch für dieses Schloß verantwortlich. 1566 war das Gebiet an seinen Vater gefallen. Dessen Sohn Kurt erbte das Anwesen und kaufte Schloß Haddenhausen hinzu. Aber schwere Geldkrisen und hohe Schulden zwangen Kurt von Münchhausen, beide Besitzungen zu verkaufen. Sein Bruder Hilmar übernahm Wendlinghausen und vermittelte Schloß Haddenhausen an seine Tochter und den Schwiegersohn Johann von dem Bussche. Wendlinghausen, im Gegensatz zu Haddenhausen, besteht heute nur noch aus einem Flügel. Ein zweiter Flügel ist jedoch mit großer Wahrscheinlichkeit vorhanden gewesen. Auf einer Karte der „Gueter zu Wendlinghausen und Stumpenhagen" von 1756 ist ein zweiter Flügel im Grundriss auch eingezeichnet. Der östliche Giebel und die Zwerchhäuser der beiden Traufseiten ähneln in ihren Zierformen dem Nordflügel des Schlosses Schwöbber, Schloss Barntrup und Schloss Haddenhausen. Die oberste Bekrönung, ein gesprengter Giebel, der auch die Zwerchhäuser schmückt, findet sich auch am Schloss Schwöbber. Diese Übereinstimmungen lassen vermuten, dass der Baumeister auch hier der Hamelner Eberhard Wilkening war. An der südlichen Trauffassade ist zusätzlich zu dem Eingang des Treppenturmes eine zweite Tür mit Freitreppe vorhanden. Die einstöckige Auslucht ist fast identisch mit der Auslucht in Haddenhausen. Doch fehlt in Wendlinghausen der figurenreiche, bewegte Aufsatz, wie er am

Schloss Haddenhausen vorhanden ist. Der obere Abschluss hat sicherlich im 17. Jh. anders ausgesehen. In der Kartusche an der Brüstung stehen die Buchstaben V.D.M.I.E.T. = „Verbum Domini Manet In Eternum“. (Das Wort des Herrn bleibt in Ewigkeit).
Das Schloss befindet sich in Privatbesitz und wird für zahlreiche Veranstaltungen genutzt. Infos über Zugangsmöglichkeiten unter *www.schloss-wendlinghausen.de.*

Worterklärungen

Abtritt Abort, auch Heimlichkeit genannt, ein nach unten offener Aborterker an Außenwänden von Gebäuden und Wehrmauern oder ein in dicken Mauern ausgesparter Raum mit schräg abgehendem Schacht.

Afterlehen Lehnsfreier Eigenbesitz adliger Familien.

Allodialgut Allod, Allodium, Freies Eigen im Gegensatz zum Leheneigentum.

Altan Ein von Säulen, Pfeilern oder Mauern gestützer, offener oder überdachter Söller bzw. Balkon.

Attika Schlichte oder plastisch ausgestaltete oder auch mit Skulpturen bestellte, das dahinter liegende Dach verbergende, niederige Schmuckwand über dem Hauptgesims von Gebäuden.

Ansitz Leicht befestigtes Adelswohnhaus von burgen- oder schlossähnlichem Charakter.

Außenwerk Der Ringmauer vorgelagerte Verteidigungsanlagen.

Auslucht Erkerartiger, auf dem Boden ansetzender ein- oder mehrgeschossiger Vorbau.

Backstein Gebrannter Lehm, Ziegel.

Balkenlöcher Löcher im Mauerwerk, Spuren des Baugerüstes oder von Deckenbalkenlagen.

Barock Stil der europäischen Kunst von etwa 1600 bis 1750, von portugiesisch barocco = schiefrund, ungleich.

Bauernburg Refugium einer Dorfgemeinschaft, gelegentlich zur Notzeit errichtete Wallburg oder Veste Ringmauer mit angebauten oder im Innenraum aufgestellten Speichern (Gaden).

Bauhof Meier- oder Wirtschaftshof zur Vorsorgung einer Burg oder eines Schlosses, zumeist der Burg oder dem Schloss vorgelagert.

Belvedere Hochgelegener Gebäudeteil mit schöner Aussicht, Aussichtspunkt in Parkanlagen, Name von Lustschlössern.

Beschlagwerk Siehe Rollwerk.

Blende In der Mauer zurückgesetztes Feld, das für Fenster und Türen ausgespart wurde.

Bogenfries Fries aus aneinandergereihten Bögen.

Bossenquader Buckelquader ohne Randschlag.

Bruchsteinmauerwerk Mauerwerk aus rohen Natursteinen.

Brustwehr Oberer Abschluss der Ringmauer.

Buckelquader Steinquader mit kissenförmigem Wulst zur Außenseite.

Burg Im Mittelalter der befestigte Wohnsitz eines adligen Herrn. Seit dem 15. und 16.Jahrhundert wird gleichbedeutend mit Burg auch Schloss verwendet.

Burglehen Vom Burgherren vergebene Pfründe für Dienstleistungen, zumeist für Beihilfe zur Verteidigung der Burg.

Burgschloss Bezeichnung für Profanbauten, bei welchen die Wehrfunktion gegenüber der herrschaftlichen Repräsentation, der Verwaltungs- und Wohnfunktion zurücktritt.

Burgvogt Herrschaftlicher Amtmann auf der Burg.

Burgwall Bezeichnung einer vor- oder frühgeschichtlichen Burg (Ringwall), deren zerstörte Mauer in Form eines Walles erscheint.

Dachreiter Türmchen über dem Dachstuhl.

Domäne Die dem Staat bzw. früher dem Landesherrn gehörenden Landgüter, wurden gewöhnlich verpachtet; ihre Erträge machten bis ins 19. Jh. einen erheblichen Teil der gesamten Staatseinnahmen aus; wenige heute noch vorhandenen Staatsgüter dienen als Versuchsgüter.

Eckquader Sorgfältige Kantensetzung bei Bruchsteinmauerwerk, auch Bruchstein ornamental im Quaderbau.

Empore Zwischengeschoss.

Englischer Garten Im Gegensatz zur geometrischen Barockanlage hat der englische Garten einen Landschaftscharakter.

Festung Wehranlage ausschließlich für militärische Zwecke.

Fischgrätenverband Mauerwerk mit fischgrätenartig gesetzten Steinlagen.

Flankierungsturm Halbrunder oder auch eckiger aus der Ringmauer hervortretender Turm (auch Eckturm).

Fliehburg Zufluchtsort einer Orts- oder Gebietsgemeinschaft in Kriegszeiten, durch Graben, Wall und Palisaden geschützt.

Fries Waagerechter Gesimsstreifen.

Fürst Zum Hochadel gehörender geistlicher oder weltlicher Landesherr. Steht rangmäßig zwischen Graf und Herzog.

Gaden Abgeschlossener Raum oder Stockwerk einer Burg oder Wehrkirche, diente in Notzeiten der Unterbringung von Menschen und Vieh.

Galerie Einseitig geöffneter Laufgang oder langgestreckter Raum.

Gaube Dachhäuschen, kleines Giebelfenster mit Walmdach.

Gesims Vorspringender Wandabschluss.

Gotik Periode der Baukunst von ca. 1300 bis 1500, in Bayern von 1230 bis 1500.

Graf Aus dem althochdeutschen grafio = Befehlender; ihm oblag die Verwaltung der Grafschaft, er saß zu Gericht, urteilte über schwere Verbrechen und zog an der Spitze eines militärischen Aufgebotes in den Kampf.

Graft Der breite Wassergraben niederdeutscher Wasserburgen.

Grundherr Großgrundbesitzer im Mittelalter und in der Neuzeit bis ins 19. Jh., der seinen Boden an Bauern vergibt und dafür Abgagen und Dienstleistungen erhält.

Halbturm Nach außen vorspringender Schalenturm, der nach innen offen ist.

Helmdach Turmdach, pyramiden- oder kegelförmig, steil.

Herrenhaus Der Begriff Herrenhaus wird meist für reicher gestaltete, architektonisch anspruchsvolle Wohngebäude verwendet. Es war Mittelpunkt eines mehr oder weniger großen Gutsbezirkes.

Historismus Auf vorangegangene Stile zurückgreifende Kunstepoche des 19. Jh. zwischen Klassizismus und Jugendstil.

Höhenburg Auf einem Berg bzw. Berghang gelegene Burg. Gegensatz: Tiefburg.

Hochburg Bei Wasserburgen Bezeichnung für die Kernburg.

Joch Gleichartiges Gewölbeelement, häufig vom Grundmaß der Vierung bestimmt.

Kannelierung Oberflächengestaltung einer Säule oder eines Pfeilers durch schmale, senkrechte Vertiefungen, Rillen mit halbkreisförmigen oder halbelliptischen Querschnitten.

Kapitell Oberer Abschluss einer Säule, eines Pfeilers oder Pilasters. Meist plastisch verziert.

Kemenate Beheizbarer Raum, auch Bezeichnung für Frauengemächer einer Burg.

Klassizismus Von klassisch-antiken Vorbildern ausgehende Stilrichtung, Höhepunkt etwa zwischen 1770 und 1830/40.

Kragstein Behauener Stein, der vor die Außenmauer ragte, um einen Erker oder den Wehrgang zu tragen.

Krüppelwalmdach Nicht bis zur Traufkante herunter reichendes Dach an der Giebelseite.

Landwehr Sicherung eines Gebietes durch Graben und Wall mit Palisaden oder Hecken.

Laterne Turm- oder Kuppelaufsatz in Form einer monumentalen Laterne.

Lehen Land- und Burgbesitz mit Amtsbefugnis als Entgelt für Dienste, meist Wehrdienst. Zunächst persönlich vergeben auf Lebenszeit, später erblich und vielfach in Eigenbesitz (Allod) übergehend.

Lehensburg Burg, die zu Lehen gegeben wurde.

Leibung Die Seitenflächen einer Fenster- oder Portalöffnung, die senkrecht in die Wand geschnitten sind.

Lisene Schmaler, flacher Mauerstreifen als senkrechtes Gliederungselement.

Loggia Eine nach außen hin geöffnete Säulenhalle eines Bauwerks.

Lünette Dekoriertes halbkreisförmiges Feld über einer Wandöffnung.

Lustschloss Das Lustschloss stellt eine Sonderform des Schlossbaus dar. Es ist ein intimeres Rückzugsquartier des Regenten im Schlosspark.

Mannsloch Kleiner Eingang im Burgtor, der nur einer Person den Durchgang ermöglichte.

Mansarde Abgeknicktes Dach, unterer Teil steiler als der obere, gewonnener Raum ebenfalls Mansarde genannt, Nutzung für Wohnzwecke. Benannt nach dem Franzosen Jules Hardouin Mansart.

Mauerabsatz Begehbarer Mauerrücksprung.

Mittelrisalit Aus der Flucht des Baukörpers hervorspringender Bauteil, der häufig höher ist und ein eigenes Dach trägt.

Orangerie Teil barocker Schloss- und Parkanlagen, ursprünglich für die Überwinterung der während des Sommers im Freien aufgestellten Orangenbäume und anderer südlicher Gewächse.

Palas Hauptwohngebäude der Burg, oft als mehrgeschossiger Repräsentativbau mit beheizbarem Saal.

Pechnase Gusserker, im Spätmittelalter eher zur symbolhaften Darstellung der adeligen Wehrhaftigkeit angebracht.

Profanbau Weltliches Bauwerk (Burg, Schloss, Bürgerhaus) im Gegensatz zum Sakralbau (Kirche, Kloster).

Pultdach Dach, einseitig abgeschrägt.

Quadermauerwerk Mauerwerk aus behauenen Steinblöcken.

Rautenfenster Fenster in Form eines schiefwinkligen Parallelogramms, meist an Treppentürmen.

Renaissance Stil der europäischen Kunst von etwa 1420 bis um 1600, für die deutschen Gebiete von etwa 1520 bis etwa 1650.

Ringgraben Wesentliche Sicherung einer Burg.

Ringmauer Bering, die ganze Burg umgebende wehrhafte Mauer.

Risalit Zur Gliederung einer Wandfläche meist zentral, aber auch symmetrisch seitlich schwach vortretende Fassadenteile.

Rittersaal Saalartig gestalteter Hauptwohnraum der Burg.

Rondell Turmartige, runde Verstärkungsbauten der Zeit von etwa 1450-1700.

Rittergut An den Besitz eines Rittergutes waren ursprünglich so genannte Ritterleistungen gebunden, im Gegenzug genossen die Besitzer eine Reihe von Privilegien (z.B. Steuerfreiheit, Jagdrecht, Gerichtsbarkeit, u.a.). Der Besitz war bis ins 19. Jahrhundert Adligen vorbehalten.

Rotunde Rundbau.

Rollwerk Ornamentales, meist bandförmiges Schmuckmotiv, dessen Enden meist in Schnecken auslaufen.

Rustika Auch Bossenwerk, Quadermauerwerk aus behauenen Steinen, oft den Sockel des Gebäudes bildend.

Säkularisation Überführung von Bistum- oder Klosterbesitz in landesfürstlichen Besitz, in Deutschland während der Reformationszeit und 1802/03.

Schalenturm Halbturm, zur Burgseite offener Mauerturm.

Scharte Schlitzartige Maueröffnung.

Scharwachtturm Aussichts- und Beobachtungsturm auf Mauerekken.

Schloss Der meist unbewehrte, vor allem der Repräsentation dienende Wohnsitz eines Fürsten oder adeligen Herrn. Der Schlossbau war bis ins späte 18.Jh. in der europäischen Kunst die Leitform der Architektur. Meist ist es in seiner Ausdehnung stadtbildprägend oder landschaftsbeherrschend ausgebildet. Das Schloss der Neuzeit entwickelte sich aus der mittelalterlichen Burg. Deren Befestigungssysteme wurden durch das Aufkommen neuer Waffentechnik nutzlos und deshalb entfernt oder verändert. Es entwickelte sich ein weitläufiger und offener Schlossgrundriss. Zum Ende des 18. und im 19. Jh wandelte sich das Schloss zum rein privaten Wohngebäude. Zentrale Bestandteile der Schlossarchitektur sind: zahlreiche Innenhöfe, seit dem 17. Jh. der große Ehrenhof der an drei Seiten von Flügelbauten umgeben ist, großzügige Freitreppen, das mittlere Haupthaus. Das Haupthaus enthält seit dem 17. Jh. ein oder mehrere Vestibüle, den ebenerdigen Gartensaal, über dem sich meist ein oder mehrere große Säle befinden, sowie repräsentativ gestaltete Treppenanlagen.

Söller Vom Boden aus gestützter balkonartiger Ausbau am Obergeschoss eines Gebäudes.

Spitzbogen Bogenform der Gotik.

Sporn Bergnase.

Supraporte Wandfeld über einer Tür mit plastischen oder gemalten Dekorationen.

Tonnengewölbe Gewölbe, das einer Tonne gleicht, die in der Längsrichtung durchschnitten wird.

Torbalken Balken zur Absperrung der Torflügel.

Torhalle Erdgeschoss bzw. Durchfahrt des Torturmes.

Veste Festung, im Mittelalter auch Bezeichnung für Burg.

Vogt Im Mittelalter Inhaber einer Schutzherrschaft, konnte eine Kirchenvogtei oder eine weltliche Vogtei sein.

Volksburg Meist vorgeschichtliche Wehranlage zur Bergung einer größeren Gemeinschaft. Im Mittelalter in der Form der Kirchen- und Bauernburgen, in Österreich Tabore.

Volute Schneckenförmiges Schmuckelement.

Vorburg Der Hauptburg vorgelagerte bzw. mit dieser durch Zwinger verbundene Anlage zur Verteidigung und Bewirtschaftung der Burg.

Wall Erdwall, geformte Aufschüttung von Erde, die aus dem Ausheben eines Grabens entstanden ist.

Wasserburg Durch umgebendes Wasser (Burggraben u.a.) geschützte Burg. Burg, deren Hauptschutz durch Flußlauf, Teiche oder Gräben gebildet wird.

Wehrgang Verteidigungsgang auf einer Wehrmauer, oft überdacht.

Welsche Haube Mehrfach geschweifte Turmhaube.

Wendelstein Vorgebauter oder in ein Bauwerk teilweise einbezogener Treppenturm mit Wendeltreppe.

Weserrenaissance Norddeutsche Weiterentwicklung der Renaissance in der Zeit von ca. 1520–1620. Die Weserrenaissance erstreckt sich geografisch auf das Gebiet der Weser von Hannoversch Münden bis Bremen.

Wohnturm Turmhaus, Turmburg. Mehrstöckiges Profanbauwerk des hohen Mittelalters, das in sich die Wohnfunktion des Hauses und die Wehrfunktion des Turmes vereinigt. Im Gegensatz zum Bergfried dauerhaft bewohnbar und beheizbar.

Zinnen Zahnartige Mauerelemente, die als Brustwehr dienten und Burggebäude sowie Wehrmauern bekrönten.

Zisterne Wasserbehälter zum Auffangen und Sammeln von Regenwasser (aus lat. cista=Kiste), meist unterirdisch.

Zwerchhaus Quer zur Dachrichtung stehendes, manchmal mehrstöckiges Dachhäuschen, beliebte Dachzier der Renaissance.

Zwinger Zwischen den Mauern einer Befestigungsanlage befindliche Zwischenfläche und -räume, die der Abhaltung bzw. Verzögerung feindlicher Angriffe dienten.

Zyklopenmauerwerk Mauerwerk mit eingestreuten großen, unregelmäßigen Steinblöcken.

Quellenverzeichnis:

Brasse, Gabriele: Straße der Weserrenaissance, 1991, Hameln
Garfs, Joachim: Das Weserbergland zwischen Münden und Minden, 4. Aufl. 1997, Hameln
Grossmann, Ulrich: Renaissance entlang der Weser, 1989, Köln
Kreft, Herbert: Die Weserrenaissance, 6. Aufl. 1994, Hameln
Internet: www.burgeninventar.de

Bildnachweis

Hildebrandt: Umschlag, Seiten 7, 9, 13, 15, 16, 20, 21, 22, 25, 27, 29, 30, 31, 33, 34, 35, 36, 40, 41, 42, 44, 46, 48, 50, 51, 52, 53, 56, 57, 58, 59, 60
Mende: Seiten 10, 12, 15, 16,17 ,20, 22, 35, 37, 41, 50, 59, 65
Salzmann: Seite 62
Verlag: Seite 33
Karte: Mende